2019年主题出版重点出版物

“十三五”国家重点图书出版规划项目

绿色发展新理念

绿色建筑

生态环境部宣传教育中心◇主编

人民日报出版社

北　京

图书在版编目（CIP）数据

绿色发展新理念. 绿色建筑 / 生态环境部宣传教育
中心主编. -- 北京 : 人民日报出版社, 2020.9
ISBN 978-7-5115-6442-9

Ⅰ. ①绿… Ⅱ. ①生… Ⅲ. ①绿色经济—经济发展—
研究—中国②生态建筑—建筑业—经济发展—研究—中国
Ⅳ. ①F124.5

中国版本图书馆CIP数据核字(2020)第114401号

书　　名： 绿色发展新理念. 绿色建筑
LÜSE FAZHAN XIN LINIAN . LÜSE JIANZHU
作　　者： 生态环境部宣传教育中心

出 版 人： 刘华新
责任编辑： 袁兆英　刘晴晴
封面设计： 邢海燕

出版发行： 人民日报出版社
社　　址： 北京金台西路2号
邮政编码： 100733
发行热线：（010）65369509　65369527　65369846　65363528
邮购热线：（010）65369530　65363527
编辑热线：（010）65363105
网　　址： www.peopledailypress.com
经　　销： 新华书店
印　　刷： 大厂回族自治县彩虹印刷有限公司
法律顾问： 北京科宇律师事务所 010-83622312

开　　本： 880mm × 1230mm　1/32
字　　数： 180千字
印　　张： 7.75
版次印次： 2020年9月第1版　　2020年9月第1次印刷

书　　号： ISBN 978-7-5115-6442-9
定　　价： 39.00元

习近平谈生态文明

加快生态文明体制改革，建设美丽中国。

——党的十九大报告

生态文明建设是关系中华民族永续发展的根本大计。生态兴则文明兴，生态衰则文明衰。

——在全国生态环境保护大会上的重要讲话

2018年5月18日

我们要建设的现代化是人与自然和谐共生的现代化，既要创造更多物质财富和精神财富以满足人民日益增长的美好生活需要，也要提供更多优质生态产品以满足人民日益增长的优美生态环境需要。

——党的十九大报告

生态环境是关系党的使命宗旨的重大政治问题，也是关系民生的重大社会问题。

——在全国生态环境保护大会上的重要讲话

2018年5月18日

我们既要绿水青山，也要金山银山。宁要绿水青山，不要金山银山，而且绿水青山就是金山银山。我们绝不能以牺牲生态环境为代价换取经济的一时发展。我们提出了建设生态文明、建设美丽中国的战略任务，给子孙留下天蓝、地绿、水净的美好家园。

——在哈萨克斯坦纳扎尔巴耶夫大学的讲演

2013年9月7日

倡导简约适度、绿色低碳的生活方式，反对奢侈浪费和不合理消费，开展创建节约型机关、绿色家庭、绿色学校、绿色社区和绿色出行等行动。

——党的十九大报告

编委会

总　序

生态文明建设是关系中华民族永续发展的根本大计。党的十八大以来，以习近平同志为核心的党中央站在坚持和发展中国特色社会主义、实现中华民族伟大复兴中国梦的战略高度，把生态文明建设和生态环境保护摆在治国理政的重要位置，谋划开展了一系列根本性、开创性、长远性工作，推动生态文明建设从实践到认识发生历史性、转折性、全局性变化。

2018年5月召开的全国生态环境保护大会正式确立了习近平生态文明思想，这是大会最大的亮点，是标志性、创新性、战略性的重大理论成果。习近平生态文明思想内涵十分丰富，集中体现为生态兴则文明兴、生态衰则文明衰的深邃历史观，人与自然和谐共生的科学自然观，绿水青山就是金山银山的绿色发展观，良好生态环境是最普惠的民生福祉的基本民生观，山水林田湖草是生命共同体的整体系统观，用最严格制度保护生态环境的严密法治观，全社会共同建设美丽中国的全民行动观，共谋全球生态文明建设的共赢全球观。习近平生态文明思想是习近平新时代中国特色社会主义思想的重要组成部分，深刻回答了“为什么建设生态文明、建设什么样的生态文明、怎样建设生态文明”等重大理论和实践问题。

做好新时代生态环境保护工作，最根本的就是要深入学习贯彻习近平生态文明思想和全国生态环境保护大会精神。习近平总书记在全国生态环境保护大会上强调，要自觉把经济社会发展同生态文明建设统筹起来，加快形成绿色发展方式和生活方式。在2018年中央经济工作会议上，总书记将加快绿色发展作为我国重要战略机遇期的新内涵。党的十九大报告特别指出，我们要建设的现代化是人与自然和谐共生的现代化，既要创造更多物质财富和精神财富以满足人民日益增长的美好生活需要，也要提供更多优质生态产品以满足人民日益增长的优美生态环境需要。

推进绿色发展是实现人与自然和谐共生的必由之路。党的十九大报告指出，要加快建立绿色生产和消费的法律制度和政策导向，建立健全绿色低碳循环发展的经济体系。构建市场导向的绿色技术创新体系，发展绿色金融，壮大节能环保产业、清洁生产产业、清洁能源产业。推进能源生产和消费革命，构建清洁低碳、安全高效的能源体系。推进资源全面节约和循环利用，实施国家节水行动，降低能耗、物耗，实现生产系统和生活系统循环链接。倡导简约适度、绿色低碳的生活方式，反对奢侈浪费和不合理消费，开展创建节约型机关、绿色家庭、绿色学校、绿色社区和绿色出行等行动。我们要坚定不移贯彻绿色发展理念，进一步发挥生态环境保护的倒逼作用，加快推动经济结构转型升级、新旧动能接续转换，在高质量发展中实现高水平保护、在高水平保护中促进高质量发展。

如何把绿色发展方式和生活方式的新理念贯穿到中小学、大学、社区、家庭、乡村、企业、机关，让更多的人选择绿色出行、绿色消费，了解绿色学习中心、绿色建筑、绿色供应链，是我们在新时代践行绿色发展需要大力解决的实际问题。为此生态环境部宣传教育中心组织了有关部属单位以及清华大学、北京师范大学、首都师范大学、北京教育科学研究院、北京市环境保护宣传中心、江苏省环境保护宣传教育中心、中环联合（北京）认证中心有限公司、公众与环境研究中心（IPE）等机构的数十位专家及学者共同编写了这套“绿色发展新理念·建设美丽中国”系列丛书。

“绿色发展新理念·建设美丽中国”系列丛书包括《绿色发展新理念·绿色乡村》《绿色发展新理念·绿色学校》《绿色发展新理念·绿色家庭》《绿色发展新理念·绿色机关》《绿色发展新理念·绿色企业》《绿色发展新理念·绿色大学》《绿色发展新理念·绿色消费》《绿色发展新理念·绿色建筑》《绿色发展新理念·绿色供应链》《绿色发展新理念·绿色学习中心》《绿色发展新理念·绿色出行》《绿色发展新理念·绿色社区》，共计12册。本套丛书旨在全面落实习近平生态文明思想和全国生态环境保护大会精神，推动形成绿色发展方式和生活方式，提高社会公民，尤其是基层干部、教育工作者、社区和企事业单位管理者对绿色发展的理解，并为其提供可操作性强的实践方法，激发全社会践行绿色发展的自觉性和主动性。

本套丛书的编写人员“术业有专攻”，在深入学习领会习近平生态文明思想和全国生态环境保护大会精神，以及广泛参阅文献的基础上结合相关实践经验编写完成。本套丛书的亮点在于不仅展现了我国生态文明建设的最新成果，还详细列举了许多国内外的成功经验与做法，内容科学准确，可以作为各个领域特别是干部和公众进一步深入学习贯彻习近平生态文明思想的操作指南，具有较强的可读性和借鉴意义。

曲格平

2019年3月于北京

前　言

我国在1950年代时曾提出“适用、经济、可能条件下注意美观”的建筑方针。在改革开放后，又重提为：适用、经济、美观。2016年提出了新的八字方针：“适用、经济、绿色、美观”，直接把“绿色”放到了我国的建筑方针之中。这一变化既反映了我国经济的发展，又体现了在新形势下对资源、环境等问题的积极应答。党的十九大之后，党中央提出坚持人与自然和谐共生、建设美丽中国的发展道路，建设生态文明、坚持可持续发展、“绿水青山就是金山银山”等理念也逐渐深入人心。在这一背景下，我国的绿色建筑得到政府的大力提倡，同时也迎来了新的发展机遇。

“绿色建筑”来自英文的Green Building。类似术语还有“生态建筑”（Eco-Building）、“可持续建筑”（Sustainable Building）、“低碳建筑”（Low Carbon Building），甚至还有“零能耗建筑”“零碳建筑”“净零能耗建筑”等。实际上“绿色建筑”的最准确表述是“可持续建筑”，表示这个建筑对人类社会的可持续发展没有负面影响。绿色建筑是在建筑的全寿命周期内，最大限度地合理利用可再生资源和能源，减少不可再生资源和能源的利用，做到“节能、节地、节水、节材、保护环境和减少污染”，为人们提供健康、适用和高效的使用空间。建造与自然和谐共生的建筑是绿色建筑的目标。“四节一环保”是绿色建筑的硬性技术指标。

绿色建筑强调人与自然共生的理念，因而很多国家都将绿色建筑的营建作为建筑减排的工作重心。为此，各国都根据本国的国情推出了一系列措施，推广和规范绿色建筑。但随着社会和城市的发展，绿色建筑还应关注地域、文化等软性的人文标准，使其具有当下中国特色绿色建筑的丰富性。

可持续发展的目标不仅仅是环境问题，还包括社会问题和经济问题。社会公平、经济发展与环境友好都是可持续发展所追求的。在我国，谈绿色建筑与可持续设计，根本目的就是为了改善民生，解决实际的问题，创造更好的未来。另外，建筑使用者的行为方式也对建筑能耗起决定性作用。同样，硬件技术条件的建筑，因为使用者使用模式的差异，可能会导致最终巨大的能耗水平差异。所以，在全国范围内普及可持续观念和生活方式亦尤为重要。

本书分四个篇章，分别介绍绿色建筑的发展、工具、案例及其未来。第一章介绍国外、国内绿色建筑的发展状况，厘清绿色建筑概念的提出及绿色建筑在世界范围内发展的过程。第二章介绍建设绿色建筑的相关政策法规、评价标准及建筑技术。第三章选择国内外绿色建筑的典型案例，包含办公、科研、教育、住宅、展览、商业、公园等不同建筑类型，以及既有建筑的绿色改造。最后在第四章畅想绿色建筑的未来，介绍了净零能耗建筑、预制装配式建筑、健康建筑、产能型建筑、绿色智能建筑等绿色建筑的发展动态，展望绿色建筑发展的未来，提倡绿色的生活方式。本书第一章、第二章第三节、第四章第一节由周雷雷负责编写，第二章第二节、第三章由李琳负责编写，第四章第二节由周雷雷和韩冬辰共同完成编写。曾红鹰、刘之杰、酆婧轩、张琳、袁轶、聂伟、张越同志审阅、修订、整理编写了书稿相关内容并为图书的出版做了大量的工作。本书在编写过程中，得到生态环境部宣传教育中心主任贾峰、副主任闫世东，美国环保协会副总裁、北京代表处首席代表张建宇先生及聚光科技（杭州）股份有限公司孙越先生等领导的指导，在此一并表示衷心的感谢。

针对我国绿色建筑在未来几年将继续保持迅猛发展的态势，本书期望成为一本绿色建筑的科普宣传读物，为政府领导干部和企业管理人员、教育工作者，以及所有热爱绿色发展、关心国家生态文明建设的读者带来一本速查手册。无论是关于绿色建筑的历史、法规标准、还是绿色建筑的技术策略和实施案例，均能有所呈现。书中收集、参考、借鉴了众多绿色建筑的学者、实践者们的成果，在这里对他们表示由衷的尊敬和谢意！限于时间仓促，本书的编写难免有不足之处，望读者指正。

宋晔皓

2019年9月于北京

目录
Contents

第一章

看一看：国内外绿色建筑的发展

第一节　什么是绿色建筑

建筑和我们每一个人都密切相关。建筑可以是我们温暖的家，建筑构成了我们生活的城市或乡村。建筑不仅是我们的庇护所，还可以为我们带来美的享受甚至精神的归宿。人们在建筑中生活、工作、思考，最后也在建筑中老去。在古代，人类择“巢”“穴”而居，找到遮风避雨的生存空间；到后来，尝试着师法自然、利用自然进行居所建设。

从18世纪中叶开始，人类从农耕社会逐渐进入了工业社会，工业革命也推动了科学技术的进步，加速了城市化进程，促使了建筑工业的崛起。人类利用自然、改变自然的能力不断增强。工业技术的强劲发展弱化了人类对自然的敬畏之心，人类彰显自我的愿望日趋强烈，对抗自然和改造自然成为工业社会人与自然之间不可调和的矛盾冲突。这导致了近一百多年工业社会时代对全人类赖以存续发展的地球生态系统的高速破坏，出现了环境污染、资源枯竭、臭氧空洞、温室效应、沙尘暴等危及人类生存安全、持续健康的生态系统问题。

进入21世纪，随着科学技术的进一步发展，人们开始反思人类社会在漫长的历史长河中，一个不长的工业社会时代所遗留下来的严重社会问题和人类生存问题。带着疑虑和困惑，人类开始了新世纪跨进后工业社会时代的历程，从对抗到和谐，从掠夺占有到节约自律，从人居孤岛到共存共生。这是一个人类社会科学可持续发展的关键转换。

随着欧洲工业革命的发展，人类有了对工业化社会的思考，并将这种思考转化成一种后工业化的行为探索实践。20世纪60年代，美籍意大利裔建筑师保罗·索勒瑞（Paola Soleri）将生态学（Eco1ogy）与建筑学（Architecture）结合，提出了著名的“Arology”——“生态建筑”（绿色建筑或可持续建筑），一个影响当今社会的新概念。进入20世纪70、80年代，绿色建筑在那些经济发达国家，诸如英、法、德、加、澳、日等国，得到了迅速推崇与发展，提高了发达国家城市节约、宜居的质量、品质、效率和效益，增强了国家可持续发展的实力与能力。

我国在发展的进程中也同样面临着发展与环境的矛盾问题。中国资源有限且人口众多，资源匮乏、能源利用效率低下、土地资源浪费、沙漠化严重、森林资源破坏及生物多样性单一等诸多问题日益突出，与经济的快速增长形成深刻的矛盾。尤其是在城市化发展进程中，粗放片面地追求快速增长，造成低品质的城市建设、城市规模与空间形态的无序发展，继而会导致城市生态安全、生态健康的问题。

中国政府根据改革开放的发展状况，及时对中国社会的发展方向进行了科学的国策调整，对生态文明建设和绿色发展高度重视。中国区域广大、人口众多、环境条件恶劣、资源匮乏且存在分布不合理、经济与社会条件差异性突出，在广大的国土疆域内明显具有生态系统特性多样化的复杂特点，发展绿色建筑具有特殊的科学地位、政治作用、社会意义和经济价值。

一、绿色建筑产生的背景

建筑业对环境的破坏已超出人类的想象。根据欧洲建筑师协会的估计，全球的建筑相关产业消耗了地球能源的50%、水资源的50%、原材料的40%、农地的80%，同时产生了50%的空气污染，42%的温室气体、50%的水污染、48%的固体废弃物、50%的氟氯化合物，显然建筑产业是造成地球环境污染的主角之一。

建筑是人类基本的生活、生产场所，也是构成城市的基本细胞，它的规划、设计、建设及运行模式直接影响资源与能源的消耗、城市的运行及对环境的影响。随着前面提到的环境问题及社会问题的日益严重，学者们开始关注环境问题，如1962年《寂静的春天》、1972年《增长的极限》的出版；政府也开始行动，从1972年联合国人类环境会议的《人类环境宣言》、1981年的《华沙宣言》、1987年《我们共同的未来》到1983年成立“世界环境 与发展委员会”、1987年的《蒙特利尔公约》及1997年的《京都议定书》。“可持续的建筑”“生态建筑”“环境共生建筑”与“绿色建筑”等在学者、政府的多方努力下应运而生。

近代以来，面对环境恶化问题，越来越多的有识之士开始关注居住、建筑与自然之间的关系与人们居住环境的改善，于是“绿色建筑”顺乎这一需求，应运而生。从2001年起，我国开始了对绿色建筑的初探、研究与推广。尤其在“十一五”期间，我国绿色建筑的发展在政策法规和标准体系建设、技术研发以及示范推广等方面都取得了积极进展。如今，绿色建筑已得到全社会的认可，逐渐深入人心并走向普及。

二、绿色建筑的定义

2006年6月1日实施并于2014年修订的我国《绿色建筑评价标准》

（GB/T 50378-2014）将“绿色建筑”定义为，在建筑的全寿命周期内，最大限度地节约资源（节能、节地、节水、节材）、保护环境和减少污染，为人们提供健康、适用和高效的使用空间，与自然和谐共生的建筑。

解读绿色建筑，其释义为在建筑物的全生命周期中，最小限度地占有和消耗地球资源，用量最小且效率最高地使用能源，最少产生废弃物并最少排放有害环境物质，成为与自然和谐共生、有利于生态系统与人居系统共同安全、健康且满足人类功能需求、心理需求、生理需求及舒适度需求的宜居的可持续建筑物。绿色建筑既是一个物质的构筑，更是一个具有生命意义的生命体，因此，探索绿色建筑不仅从技术层面进行，还要从社会层面进行分析思考与科学研究。绿色建筑存在于生态系统中，是人类重要的社会行为活动和生存需求的依附载体，本身就具有明确的人类行为属性、意志属性和人文属性。它不能孤立于城市生态系统而独立规划、设计与运行。绿色建筑既是一种生活方式，也是一种理念，它并不特指哪一类建筑，而是涵盖所有类型的建筑。

综上，绿色建筑包含以下几个特质。

1.全寿命周期

全寿命期是指考虑绿色建筑建造的整个过程，包括项目立项到项目拆除的整个过程。所以建筑的全寿命期，在考虑项目的立项、规划设计、施工及运营之外，必须往前从建筑材料的开采到运输、生产过程，往后到建筑拆除后垃圾的自然降解或资源的回收再利用。考虑建筑行为对当地生态的破坏性、建筑材料的环保性、建筑交通的方便性、建筑的可回收性等问题。尤其考虑建筑运行期间的设施设备有效管理与节能行为引导，这将极大地提高建筑的绿色性，实现绿色建筑全寿命期的意义。绿色建筑全寿命周期的概念要求绿色建筑应体现经济效益、社会效益和环境效益的统一。

2.强调最大限度地节约资源，保护环境和减少污染

一般建筑能耗严重，在能耗过程中，50%的能源是因为建筑的不节能性浪费掉的，并由此产生严重的环境污染与温室气体排放；绿色建筑则可将建筑能耗大幅度降低，并大量减少碳的排放量。绿色建筑环保与减排的实现是依靠科学技术的发展与进步，但并非完全依赖。绿色建筑强调尊重本土文化、自然、气候，减少温室气体排放和废水、垃圾处理以及提高室内环境质量，实现环境零污染。在绿色建筑中生活，绿色生活方式才是一切节约的重点。养成良好的生活习惯，正确使用绿色节能技术，减少绿色建筑在运行过程中的能源浪费，提高能源利用率，从而使绿色建筑更大程度地达到环保减排的目的。

3.建筑根本的功能需求

健康的要求是最基本的，节约不能以牺牲人的健康为代价。强调适用、强调适度消费的概念，绝不能提倡奢侈与浪费。高效使用资源需要加大绿色建筑的科技含量，比如智能建筑，我们可以通过采用智能的手段使建筑在系统、功能、使用上提高效率。

4.建筑与自然和谐共生

从建筑与自然的关系角度来看，绿色建筑应与自然融为一体，减少对自然的破坏，建筑和环境生态共存。建筑行业涉及众多高污染的第三产业，实现建筑的环保减排与绿色，从而带动其他产业的节能与环保，这将极大地实现绿色建筑的潜在价值。所以，一切从保护自然出发，权衡自然与人类发展的关系，处理好建筑与自然的关系，绿色建筑便是实现与自然和谐共生的最好方式。

建筑业再也不能延续高消耗、高污染的传统建筑发展模式，必须大力发展绿色建筑，才能适应现代城市生态建设发展的需要。不然，将会在建筑领域再次重蹈先污染后治理的覆辙，危及后代子孙的生存发展。绿色建筑的最终目的是要实现人、建筑与自然的和谐统一。

5.可持续发展

绿色建筑不仅只是单纯的建筑，更是涉及社会发展、经济发展以及文化进步等多方面的内涵，重视绿色建筑内涵中的可持续发展意义，有助于绿色建筑的健康发展之路。绿色建筑的可持续发展基本要求是考虑子孙后代的利益，将现有建筑建造过程中以及运行过程中对环境的破坏降至最低。

三、绿色建筑的原则

1.和谐原则

建筑作为人类行为的一种影响存在结果，由于其空间选择、建造过程和使用拆除的全寿命过程存在着消耗、扰动以及影响的实际作用，其体系和谐、系统和谐、关系和谐便成为绿色建筑特别强调的重要的和谐原则。

2. 适地原则

以人居系统符合生态系统安全、健康而客观存在为依据，建设适宜空间、高效利用土地，符合人文特性、经济属性及建设选址的科学规划、设计行为，是绿色建筑建造、使用所必须遵守的条件和根本性原则。

3. 节约原则

资源占有与能源消耗在符合建筑全寿命周期使用总量与服务功能均衡的前提下，实现最小化与减量化的节约原则。

4. 高效原则

建筑作为人类的居所，其建造、使用、维护与拆除应本着符合人与自然生态安全与和谐共生的前提，满足宜居、健康的要求，系统地采用集成技术提高建筑功能的效能，优化管理调控体系，形成绿色建筑的高效原则。

5. 舒适原则

舒适要求与资源占有及能源消耗，在建筑建造、使用与维护管理中一直是一个矛盾体。在绿色建筑中强调舒适原则不是以牺牲建筑的舒适度为前提，而是以满足人类居所舒适要求为设定条件，通过人类长期依托建筑而生存的经验和科学技术的不断探索发展，总结形成绿色建筑绿色化、生态化及符合可持续发展要求的建筑综合系统集成技术，以满足绿色建筑的舒适原则。

6. 经济原则

绿色建筑的建造、使用、维护是一个复杂的技术系统问题，更是一个社会组织体系问题。高投入、高技术的绿色建筑虽然可以反映出人类科学技术发展的高端水平，但是并非只有高技术才能够实现绿色建筑的功能、效率与品质，适宜技术与地方化材料及地域特点的建造经验同样是绿色建筑的重要发展途径。唯技术论和唯高投资论都不是绿色建筑的追求方向，适宜投资、适宜成本和适宜消费才是绿色建筑的经济原则。

7. 人文原则

建筑是人类抵御大自然对人类伤害与威胁的庇护所，保障人类生产、生活的生存安全、健 康、舒适，从远古人类栖息的“巢”“穴”到“器”含义的建筑，人类始终把集人类智慧、文明的建筑与文化、美 学、哲学紧密相连。凝固的文明结晶、社会人文雕塑都是对建筑的人文价值的高度概括，建筑既有历史性，也有传承性，更有人文特性。无论在任何国家、城乡、地区，没有文化内涵的建筑都会使人居系统缺少特色与特质，不但丧失了地域化优势，更失去了国际化能力。这也是失去了人居生态系统中除自然生态、经济生态以外的另一个重要生态要素——社会生态，人文原则就是一项不可或缺的生态原则。

第二节 国外绿色建筑的发展

一、国外绿色建筑的发展历程

1.萌芽阶段（20世纪60年代）

20世纪60年代以前的生态建筑设计主要体现在对气候的关注。1963年，维克多奥戈雅《设计结合气候：建筑地方主义的生物气候研究》概括总结了20世纪60年代以前建筑设计与气候、地域关系的研究成果，提出了“生物气候地方主义”设计理论与方法。

1969年美籍意大利裔建筑师保罗·索勒里（Paul Sollery）提出“生态建筑学”（arcology）的概念，象征着建筑设计师开始正视居住环境与自然的关系，随后众多学者探索了人、建筑、自然与社会的协调关系，形成了初期绿色建筑相关理论。同年，美国风景建筑师麦克哈格（Lan L.McHarg）出版了《设计结合自然》（*Design with nature*），提出人、建筑、自然和社会应协调发展，并探索生态建筑的建造与设计方法，生态建筑理论初步形成。

2.初步发展阶段（20世纪70—90年代）

20世纪70年代能源危机之后，发达国家开始重视新型能源的开发与利用，同时建筑节能得到更多的重视，绿色建筑相关节能技术取得很大进步。面对日趋恶化的生存条件和能源危机，尤其是阿拉伯石油公司石油禁运事件发生之后更是激发了工业发达国家对建筑节能的研究兴趣，太阳能、地热、风能、节能围护结构等新技术应运而生。

1972年，罗马俱乐部（Club of Rome）发表研究报告《增长极限》（*The limits to growth*）预言，自然资源支持不了人类持续的经济增长，引起了全球对环境与发展的深度关注。同年6月，联合国人类环境会议通过《人类环境宣言》，提出了“人类只有一个地球”。

1976年，安东·施耐德（Anton Schneider）博士在联邦德国成立了建筑生物与生态学会（Institute for Building Biology & Ecology），探索采用天然的建筑材料，利用自然通风、天然采光和太阳能供暖的生态建筑，倡导有利于人类健康和生态的温和建筑艺术。

20世纪80年代，建筑室内环境质量问题开始显现。此时，人们将目光也逐渐聚焦在了建筑的历史性和地区性。他们基于实际情况，结合当地的自然条件、气候、经济状况、技术水平以及历史文化传统等方面的因素，来研究和设计人类的生存空间。

1984年，联合国大会成立环境资源与发展委员会，向世界各国提出可持续发展的倡议。1987 年，联合国环境资源与发展委员会的报告《我们共同的未来》（*Our common future*）中指出：环境危机、能源危机和发展危机不能分割；地球的资源和能源远不能满足人类发展的需要；必须为当代人和下代人的利益改变发展模式。

20世纪90年代开始，绿色建筑的理论与技术研究正式步入正轨。世界各国关于可持续建筑的研究与发展又有了新的进展。1990年，英国率先制定了世界首个绿色建筑评估标准。英国建筑研究院（the Building Research Establishment，BRE）绿色建筑评估体系（Building research establishment environmental asesment method，BREEAM）发布，世界上首次建立科学的绿色建筑设计和评价体系。BREEAM体系对建筑与环境的矛盾做出比较全面和科学的响应——建筑应该为人类提供健康、舒适、高效的工作、居住、活动空间，同时节约能源和资源，减少对自然和生态环境的影响。此后，很多国家和地区参考BREEAM体系，编制本地的绿色建筑标准，如德国的可持续建筑认证标准（Deutsche Guetesiegel fuer Nachhaltiges Bauen，简称DGNB）、澳大利亚的国家建筑环境评估体系（National Australian Built Environment Rating Scheme，简称NABERS）、加拿大的建筑环境性能评价准则（Building Environment Performance Asscessment Criteria，简称BEPAC）等。

1991年布兰达·威尔（Branda Well）和罗伯特·威尔（Robert Well）夫妇出版了《绿色建筑：为可持续发展而设计》（*Green architecture: design for an sustainable future*），提出建筑系统和整体的设计方法：节能设计、结合气候条件的设计、资源的循环利用、用户为先、尊重基地环境、使绿色建筑设计变得系统和容易操作，而不是仅仅停留在理念和技术层面。Amorie B Loweins 提出绿色建筑设计还需关注除物质条件外的经济、文化等精神层面的创造。

1992年，在巴西里约热内卢召开的联合国环境与发展大会使可持续发展的概念被国际社会广泛接受，并首次提出了绿色建筑概念。

1996年，美国提出第一版能源与环境设计先锋（Leadership in energy and environmental design，LEED）评价标准，建立并形成了完善的绿色建筑评估体系，现成为世界范围内最为流行的评价标准之一。LEED的宣传和推广为绿色建筑的普及和发展做出了重要的贡献。Hadas Gabay和Isaac A Meir（2014）通过建立成本效益分析模型，分析了即使选择最好的绿色建筑方案，由此带来的额外费用也在4%～12%之间，即意味着选择最适宜的方案带来的额外费用会更低，绿色建筑的增量成本与全寿命期的收益相比是值得的。绿色建筑发展迅速，已经从单体建筑发展到生态城区、绿色城镇等范畴，涵盖了计算机、经济、文化等多方面理论，形成了具有综合性与整体性的新研究领域。

3.蓬勃发展阶段（21世纪至今）

进入21世纪，绿色建筑迎来了蓬勃兴盛期，其内涵与外延得到了极大的丰富。日本在绿色建筑方面提出了“建筑的节能与环境共存设计”与“环境共生住宅”的概念。继20世纪90年代英、美等国之后，全球引发了对绿色建筑评估的热潮，相继出台了符合地域特点的绿色建筑评估体系，极大地规范和推动了绿色住宅的发展。欧洲的绿色建筑处于全球的最高水平，绿色建筑增长最快的区域将在亚洲。调查显示，未来五年间，亚洲区域从事绿色建筑的企业将从目前的26%增至73%。太阳能、风能、地能为主的可再生能源的使用比例将大幅增加。绿色建筑的经济与社会效益显著：减少能源使用30%～50%；减少CO_2排放35%；减少水资源40%；减少废物70%。绿色建筑对于运营的影响：以写字楼为例，调查显示，建筑物升值7.5%；投资回报增长6.6%；使用率提升3.5%。纵观国外绿色建筑发展历史与实绩，在提倡可持续发展的今天，绿色建筑发展前景看好。

二、典型国家绿色建筑的发展特点

自20世纪70年代能源危机发生以后，各国开始重视推动降低能源消耗的工作。建筑业是能源消耗非常大的行业，它对环境造成的负面影响也格外突出，因而很多国家都将绿色建筑的营建作为建筑减排的工作重心。为推广和规范绿色建筑，各国都根据本国的国情推出了一系列措施。绿色建筑涉及的主体众多，它的营建不是开发商的个体行为，也不是绿色低碳技术的简单应用，它是一个复杂庞大的工程。除大力发展绿色技术以外，还需要各类法律的保障以及标准的规范。在发展和推动绿色建筑的过程中，各国的普遍做法主要包括三个方面，制定节能法律法规、制定绿色建筑评价标准以及推行经济激励政策。

1.美国绿色建筑推行发展特点

美国在推动绿色建筑发展时，除了采取强制性的政策法律进行规范约束外，比较强调自愿性项目，这也是美国在发展绿色建筑事业中的一大亮点。美国政府强调的自愿性体现在政府推行了由政府主导，但市场主体可自行参与的项目，其中“能源之星”（Energy Star）项目最为知名。

“能源之星”作为节约能耗的一种标识，最初只是被用于电子产品，消费者在购买产品时如果看到“能源之星”的标签，就可以认定这种产品在使用过程中是低能耗的，它对大气排放的温室效应气体也相对较少。“能源之星”后来扩展到建筑领域，美国环保署将“能源之星”住宅计划推广为全国性志愿项目。“能源之星”建筑节能标识体系中蕴含两大重要认证，即建筑物节能认证和建筑物运行管理节能认证。建筑物节能认证主要体现在绿色低碳技术的应用上。第三方鉴定机构会对建筑物外围结构、采暖空调系统等保温隔热性能进行监控，监控数据符合标准的即通过建筑物节能认证。建筑物运行管理节能认证则将认证重点放在建筑物使用过程中的管理水平上。即便建筑物符合绿色建筑评价标准，后期管理的不到位以及管理人员节能意识的薄弱等仍会造成资源的过度消耗，使得绿色建筑在具体使用过程中偏离节能的目标，所以对建筑物运行管理进行专业认证同样必不可少。最终被冠上“能源之星”标识的住宅均是通过专业第三方机构严格的鉴定，通过以上两大认证内容，住宅在使用过程中能确保提高能源利用效率，消费者可以放心购买。“能源之星”项目很好地解决了消费者与开发商甚至与政府之间的信息不对称问题，帮助消费者全面认识绿色建筑市场，并为绿色建筑市场营造了较好的市场氛围。

2.英国绿色建筑推行发展特点

绿色建筑在英国发展比较早。不同于美国，英国在绿色建筑的发展推广上主要采取强制性措施。根据英国政府的相关规定，从2008年6月开始，英国对国内所有的公共建筑都划分了节能等级，并且建筑的能耗情况完全对公众公布。

英国除了制定很多绿色建筑的法律法规以及运用先进的绿色建筑评价标准BREEAM外，较有特色的做法是积极推广示范性项目和绿色建筑设计典型案例。在英国，大量以绿色建筑为主题的示范项目被建立起来，而且这些案例不仅局限在类似牛津生态住宅这样的单体住宅设计上，还囊括了包括贝丁顿生态村（Beddington Zero Energy

Development）的大规模社区。较新的一个示范案例是金斯潘住宅（The Kingspan Lighthouse），它代表了英国“可持续住宅规范”中的最高标准——“零碳排放住宅”，英国所有新建住宅到2016年时必须全部达到这个标准。英国推行的示范作品大多只使用已经成熟的环保技术和普通材料，简单易行、经济实用，可以立即在市场上进行推广普及。

另外，英国非常重视建筑师绿色建筑理念的培养。英国国内认为如果想要在建筑全生命周期中取得理想的节能和二氧化碳减排结果，必须在建筑设计的早期就为相应的策略做出全盘的考虑。所以建筑师的责任重大，建筑师在建筑物设计初期的理念直接影响到建筑物的实际节能减排效果。而且英国认为建筑师在设计营建绿色建筑时不该只是单纯地引用绿色节能技术，他们的责任还在于调动民众的参与性。在设计绿色建筑前设计师应该先进行民意调查，然后再规划设计出既符合民众要求又环保节能的建筑。对此，英国的特色做法是将绿色建筑的理念灌输到各高校中，高校老师在设计课程时会将绿色建筑和可持续发展的理念融入其中，培养学生的节约能耗意识，也鼓励学生参与到绿色建筑的设计研究中去。各高校也会积极开展绿色建筑的科研项目，为实际发展提供更专业的意见。

3.日本绿色建筑推行发展特点

日本的能源相对匮乏，所以政府对节能问题也相当重视。日本政府很早以前就开始着手于绿色建筑的发展工作。日本在绿色建筑的发展过程中除了像以上两个国家一样制定法律法规以及精准的评价标准外，日本的特色之处在于它对建筑物用能的管理有独到的做法。

日本建立了建筑用能管理体制，包括能耗统计、能耗监测和用能定额等制度。能耗统计要求资源供应部门以及建筑业主定期上报能源消耗情况。能源监测制度则是对地区具有代表性的建筑物安装能源计量监测装置，通过监测可以获悉该类建筑物的能源消耗情况，然后对建筑物的能耗数据进行汇总分类，制定出不同建筑物所对应的能源消耗标准，再通过用能定额制度规定各类建筑物的能源消耗上限。政府会对那些超过能耗上限的建筑物使用者征收更多的管理费，对低于能耗标准的用户给予补贴奖励。这一做法可以帮助政府精确地掌握建筑物温室气体的排放量并因地制宜地制定符合各类建筑物的能耗标准。

此外，日本也非常注重民众参与意识的培养。日本极其倡导民众参与进城市的环境规划中，政府认为有民众参与的项目更容易推广和实施，在今后的维护过程中也会节省管理费用，可谓一举两得。除了让民众参与进项目的起始规划阶段外，政府在绿色建筑的项目推广过程中也很有想法。比如，日本政府有施行“绿色点数”的政策和环保积分政策。消费者在购买节能家电时会得到一些“绿色点数”，这些“绿色点数”可以供消费者购买其他节能家电，以此类推。住宅环保积分跟“绿色点数”有异曲同工之处，住宅环保积分在民众修建改造环保住宅时获得，积分可用于兑换购买券。日本政府推行的这些政策能激发民众对于绿色建筑的兴趣和购买热情。

第三节　中国的绿色建筑发展

一、发展历程

由于历史和经济的原因，中国绿色建筑发展历史并不长，绿色建筑的发展也是中国城市化高速发展的时期。与欧美发达国家不同，中国绿色建筑的发展伴随着稳定快速城市化的高峰期，而欧美国家的绿色建筑是在其完成了城市化以后，郊区城市化和逆城市化阶段，发展绿色建筑的大背景完全不同。回顾中国短短的绿色建筑发展历史，基本可以划分为以下四个阶段。

1.绿色建筑萌芽阶段（1990年以前）

早在1982年李道增[①]先生就已经在《世界建筑》上发表了《重视生态原则在规划中的运用》一文，这是我国建筑师第一次全面关注生态问题。1983年，我国开展建筑节能研究。

2.对国外绿色建筑理论的酝酿研究阶段（1990—2005年）

自1992年巴西里约热内卢联合国环境与发展大会以来，中国政府

① 李道增，我国著名建筑学家、建筑教育家。

大力推动了绿色建筑的发展。1994年，中国政府回应巴西里约联合国环境与发展大会对走可持续发展之路的总动员，通过并出版了《中国21世纪议程——人口、环境与发展白皮书》，国务院颁布了《中国 21世纪初可持续发展行动纲要》，纲要强调环境保护和污染防治。在此背景下，对城市建设及人类居住提出发展的目标，要求人类住区促进实现可持续发展，动员全民参与，建成规划布局合理、环境清洁、优美、安静、居住条件舒适的绿色住区。

1996年，国家自然科学基金委员会正式将“绿色建筑体系研究”列为“九五”期间的重点资助课题。

1998年，将“可持续发展的中国人居环境研究”列为重点资助项目，对推动生态建筑的研究提供了有力的支持。

1999年，第20届世界建筑师大会在北京召开，通过了《北京宪章》，大会指出要建立人居环境循环体系，应将新建筑与城镇住区的构思、设计纳入一个动态的、生生不息的循环体系之下，以不断提高环境质量。

2000年，我国执行新建建筑节能的标准。“十五”“十一五”期间更是设置了绿色建筑有关的课题，促进绿色建筑的研究与技术集成。

2001年5月，原建设部住宅产业化促进中心研究和编制了《绿色生态住宅小区建设要点与技术导则》，提出以科技为先导，总体目标是推进住宅生态环境建设及提高住宅产业化水平；并以住宅小区为载体，全面提高住宅小区节能、节水、节地水平，控制总体治污，带动绿色产业发展，实现社会、经济、环境效益的统一。出版《中国生态住宅技术评估手册》。

2002年7月，原建设部陆续颁布了《关于推进住宅产业现代化提高住宅质量若干意见》《中国生态住宅技术评估手册》升级版（2002版），并对10多个住宅小区的设计方案进行了设计、施工、竣工验收全过程的评估、指导与跟踪检验。

2002年10月底，我国又出台了《中华人民共和国环境影响评价法》，明确要从源头上、总体上控制开发建设活动对环境的不利影响。

2004年，原建设部制定《建筑节能试点示范工程（小区）管理办法》；科技奥运十大项目之一的“绿色建筑标准及评估体系研究”项目通过验收，应用于奥运建设项目，出版《绿色奥运建筑评估体系》；建设部颁布实行《全国绿色建筑创新管理办法》，建设部科学技术司发出《关于组织申报“首届全国绿色建筑创新奖”的通知》，并印发了《全国绿色建筑创新奖励推荐书（工程类）》和《全国绿色建筑创新奖励申报书（技术和产品类）》，同年又颁布施行《全国绿色建筑创新实施细则（试行）》及评审要点。

2005年3月，由中华人民共和国原建设部、原科技部和英国贸易投资总署、加拿大住房署、新加坡建设局及印度建筑业发展委员会共同主办的首届国际智能与绿色建筑技术研讨会暨技术与产品展览会召开，会上发表了《北京宣言》，公布“全国绿色建筑创新奖”获奖项目及单位。同年发布了《建设部关于推进节能省地型建筑发展的指导意见》，修订了《民用建筑节能管理规定》，颁布实施了《公共建筑节能设计标准》（GB 50189—2005）。《住宅性能评定技术标准》出版。

3.绿色建筑初步发展阶段（2006-2010年）

2006年，第2届国际智能、绿色建筑与建筑节能大会召开，颁布了《绿色建筑评价标准》（GB/T 50378-2006）；开展可再生能源示范工程，绿色建筑被列入国家中长期规划纲要。至此，中国建立了官方的绿色建筑技术标准体系。

我国在绿色建筑方面的发展做了很多工作，从政府、研究机构、开发商到全社会都对绿色建筑有了全新的认识和行动。绿色建筑在中国的大力发展时期已经到来，国家层面推动绿色建筑发展方面的力度逐步加大，绿色建筑的发展遵循可持续发展的原则迅速跨越起步阶段，向全面实施发展。目前，绿色建筑是对环境问题、资源问题及社会问题切实可行而持久的解决方法，是提高生活条件、促进经济发展的重要手段，并将成为健康社会、和谐发展的模式。

2007年，原建设部与原科技部等国内外有关机构和单位共同举办了第3届国际智能、绿色建筑与建筑节能大会，筹建城市科学研究会节能与绿色建筑专业委员会；启动绿色建筑职业培训及政府培训。2008年，绿色建筑评价标识全面开展，召开了第4届绿色与智能建筑大会，会上对获奖项目进行颁奖。2009年，召开了第5届国际智能、绿色建筑与建筑节能大会。

4.绿色建筑高速发展阶段（2010年之后）

自2011年起，国内出现生态城市热潮，带动了绿色建筑从建筑向城区的发展，其中生态城市要求新建建筑中绿色建筑的比例80%以上，既有建筑改造的比例50%以上。2011年当年获得中国绿色建筑认证的项目达到160多个，而截至2012年7月，正式通过住建部网站公示的绿色建筑项目已达488个，加上地方政府评审的项目和国外机构认证的绿色建筑，项目总数超过700个。获得认证的488个绿色建筑项目的地区分布表明，经济较发达地区的绿色建筑数量较多，江苏省南京和苏州两个城市绿色建筑总数达到81个，占全国总数的1/6。

2014年国家住建部颁布新版《绿色建筑评价标准》（GB/T 50378-2014）。截至2014年年底，全国共评出2538项绿色建筑评价标识项目，总建筑面积达2.9亿平方米；但同时，运营评价标识数量的匮乏也显示着绿色建筑高速发展面临的问题，即如何实现绿色建筑全寿命期的绿色效益。

开发商努力在市场经济的运作下，结合自身特点积极开展了绿色建筑关键技术体系的集成研究和应用实践，如北京的北潞春绿色生态小区、锋尚国际公寓、MOMA国际公寓，广州的汇景新城，上海的万科朗润园，均取得了较好的社会经济效益。

中国绿色建筑的技术也日趋成熟。最初的绿色建筑探索多为单项技术的应用，如太阳能运用。在建筑物的热工性能改善方面的节能技术研究应用一直在进行并取得了一定的成效，目前，节能技术是我国绿色建筑最主要运用的技术。

此外，中国绿色建筑的研究还体现在对传统建筑精华的挖掘与研究，如对窑洞建筑的利用和改造、对南方传统建筑的技术革新等。同时利用地方材料，延续地方传统的建筑文化精神等方面均有较深入的探索。

二、发展特点

从世界几个主要国家目前的建筑能耗状况（图1-1）可以看出，即使以我国的城镇建筑来进行比较，无论是人均还是单位建筑面积的运行能耗，都远低于目前发达国家的实际状况。此外，美国总能耗目前占全球总能源消耗的22%，其建筑运行能耗占其总能耗约40%，换而言之，美国建筑运行消耗了全球8.8%的能源，为其3亿人口提供建筑中的服务。而我国总商品能源消耗约占全球总量的18%，城市建筑用能占总能耗约20%，即全球总能耗的3.6%，而这是为我国6亿城镇人口提供服务的总建筑能耗。由此可知，我国城镇人口人均建筑运行能耗仅为美国全国人均建筑运行能耗的五分之一。从可获得的能源总量和碳排放容量来看，我国城镇人均建筑用能量不应该再进一步增长，无论经济怎样增长和生活水平怎样提高，我们只能在目前的人均建筑用能强度下通过技术创新来改善室内环境，进一步满足居住者的需要，而不可能因为未来生活水平的提高而允许人均建筑能耗的大幅度上涨。这是中国建筑节能工作的基本出发点。

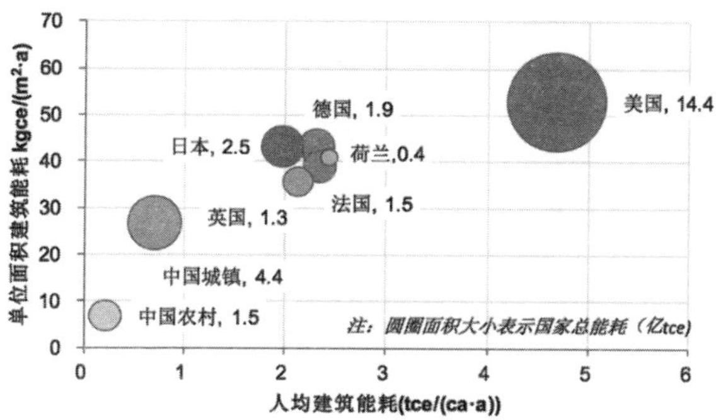

图1-1　多国人均建筑能耗比较

“绿色”概念，也就是可持续发展概念，强调实事求是和因地制宜。中国绿色建筑的发展与其他发达国家有着明显的不同，发达国家是在工业化、城镇化高速发展期之后的后工业化时期才开始绿色建筑进程的，而中国却是在城镇化高速发展的起步阶段同步推进绿色建筑的。在未来20～30年，中国每年有1200万～1500万人口从农村进入城镇，随之带来住房、商业服务等各类建筑的大幅增加，其建筑量相当于数千年文明史积累的总建筑量。而建筑尤其是住宅属于长期的消费品，不可能进行频繁的更新。对已建建筑延长使用寿命或装修期限，就意味着能源和资源的大量节约。所以，中国能够及时普及推广绿色建筑，就可以避免走发达国家对节能建筑再进行二次改造的弯路。

中国是一个幅员广大的国家，地区差异又十分巨大。从南到北，从东到西，气候条件、地理环境、自然资源、城乡发展与经济发展、生活水平与社会习俗等都有着巨大的差异，中国是全世界各大国中地区差异最大的国家。同时，随着社会阶层的分化，形成了对建筑、住区和住宅的不同需求，进而产生不同的建筑标准。

因此，一方面在生态技术策略上要考虑“因地制宜”，在传统技术策略、中低技术策略、高新技术策略中采用适宜技术策略；另一方面在评估时也必须因地制宜、实事求是，宜作纵向比较，看发展；横向比较要在相同或相近条件下进行。

第二章

学一学：建设“绿色建筑”的工具

第一节　绿色建筑相关政策法规

建筑、工业与交通是能源消耗的三大领域。20世纪70年代能源危机以后，美国、英国、澳大利亚、日本、新加坡等发达国家纷纷认识到建筑节能的重要性和严峻性，将建筑节能作为可持续发展的基本政策。完善的法律法规体系是绿色建筑健康发展的基础和根本保证。多年来，各国在新建建筑设计和施工、既有建筑节能改造、建筑运行节能管理等方面结合本国实际情况，相继推出一系列的建筑节能法律法规和标准，并制定了相应的监督、激励政策以保障法规和标准的有效实施。

一、美国

美国政府深刻认识到发展绿色建筑的重要性，高度重视提高能源利用，把发展绿色建筑，实施建筑节能工作始终置于重要的战略地位，以立法的形式来推进绿色建筑的发展。立法和政府政策的支持为美国绿色建筑的发展奠定了坚实的基础。

美国由能源部负责全国的节能工作。20世纪70年代末80年代初，能源危机促使美国政府开始制定并实施建筑物及家用电器的能源效率标准。在建筑物运行节能管理方面，1973年美国开始实行联邦政府能源管理计划（the Federal Energy Management Program，简称FEMP），用于引导政府各部门更为有效地利用能源。它除了涵盖新建建筑、建筑改造、设备采购、水电煤气和负荷管理外，重点包括建筑节能管理、运行和维护，主要用于帮助政府机构以最有效地实施能源管理，获得更高的能源效率。

1975年美国政府出台的《能源政策和节能法案》为能源利用、节能减排提供了法律依据；1978年颁布了《节能政策法和能源税法》；1988年颁布了《国家能源管理改进法》；1991年的总统行政令12759号等；1992年制定了《国家能源政策法》并于2003年进行了修订，将以往的“目标”转换为“要求”，实现了节能标准从规范性到强制性要求的转变；2005年的《能源政策法案》成为新阶段美国实施绿色建筑、建筑节能的法律依据之一；2009年总统令13514号要求联邦政府的所有新办公楼设计从2020年开始贯彻、2030年实现零能耗建筑的要求，2015年回收50%的垃圾，2020年节水26%。第13693号总统令在2015年3月发布，未来十年可持续发展的目标是到2025年以每年每平方英尺2.5%的速度减少建筑能耗，同时要求提高水资源的利用和管理以及政府交通工具的可持续性。

美国的绿色建筑法规政策可以分为两大类：一是制定相关产品、设备、系统的最低能效标准，以法律、法规形式颁布执行，为强制性标准。二是通过激励政策鼓励厂家、用户来实现更高的能效标准，是自愿性的，属于市场行为。美国联邦政府、各级州政府以及公共事业部门均采取了一系列经济激励措施来促进高效节能产品/建筑发展，如现金补贴（贴息补助与直接补贴）、抵免税收、抵押贷款、加速折旧制度、低收入家庭节能计划、技术支持（免费检测、技术培训）等形式，或者对实施绿色建筑的开发商给予额外的建筑密度或加快申请程序的权利。

二、英国

英国绿色建筑法律法规体系由国际条约和国内法两部分构成。国际条约包括全球性条约（如《京都议定书》等有关协定）和欧盟法令（如《欧盟建筑能源性能指令》等）；国内法由基本法案、行政管理法规以及专门法规和技术导则三个层次组成。基本法案主要包括《建筑法案（1984）》，适用于英格兰和威尔士地区的建筑节能减排；《家庭节能法案（1995）》，要求当地政府为居民家庭节能提供帮助；《气候变化法案（2008）》规定政府必须致力于削减CO_2以及其他温室气体的排放，到2050年减排80%；《可持续和安全建筑法案（2004）》赋予《建筑法规》更多的权利，包括能源、用水、生物多样性等方面；《住宅法（2004）》规定了英国住宅在出售之前要申请能效证书；以及《环境保护法案》《能源法》等十余部与绿色建筑相关的国家法案。英格兰政府、北爱尔兰行政院、苏格兰政府专门制定了《工程设计和管理法规（1994）》《建筑法规（2001）》《建筑能效法规（能源证书和检查制度2010）》《建筑材料法规》等基本法规。政府部门或相关机构制定了《能源白皮书（2003）》《可持续住宅规范（2006）》《零碳建筑标准》等标准和规范。这些法律法规形成了自上而下的法律体系，从各个方面规定了绿色建筑的政策和标准，有力地促进了英国绿色建筑的发展。

英国政府为了鼓励绿色建筑，利用公共财政支持绿色建筑，制定了节能激励、碳排放约束与规范等方面的财税政策，包括推行能源证书制度、开征能源税、税收减免、节能补贴等。根据出台的《建筑能效法规（能源证书和检查制度）》，对建筑能效证书制度实行强制推行，要求所有的建筑在施工期，对建筑的能效性能进行评价，或者每10年更新时进行重新评价，建筑能效证书包括住宅建筑能效证书（Electronic prescriptions for controlled substances，EPCs）、公共建筑展示能效证书（Display Energy Certificate，DECs）两种。EPCs主要是为潜在的买家或者租户提供该栋建筑的能效性能和其他建筑相关信息；而DECs主要是为超过1000m^{2}的公共建筑提供建筑和相关设备在运行过程中的各项性能评价和评估报告。

在英国，所有用户的电费中都包含有化石燃料税，税率为2.2%，用于可再生能源发电的补贴。由英国政府资助的节能信托基金主要为住宅节能改造计划提供补助、鼓励企业和家庭购买带有“节能推荐标签（Energy Saving Trust Recommended）”标志的产品、帮助企业和家庭自主发电，并对节能设备投资和技术开发项目提供贴息贷款或免（低）息贷款两种，以促进建筑节能减排。英国还制定了节能设备目录，如果购买目录中的设备，就可以对该设备一年内加速折旧，相当于抵免了7%的所得税。税收优惠政策还包括：凡高于国家标准的节能建筑，将享受40%的印花税优惠，而零碳建筑则免征印花税。同时，英国各地政府还实施了对住宅节能改造或者购买节能产品的居民予以补贴的计划。

根据英国的相关规定，自2008年6月开始，每幢公共建筑的节能情况将划分等级并颁发展示能效证书，博物馆、展览馆和政府办公大楼等大型建筑的能耗情况被要求张榜公布。英国政府动用行政力量，从政府办公建筑和其他公共建筑的强制性节能入手，有效地推动本国绿色建筑的发展。此外，政府还以各种形式．如强制节能和经济手段，将绿色建筑深入到英国家庭的日常生活中去。为了鼓励绿色建筑，利用公共财政支持绿色建筑，制定了多种多样的经济激励政策，较好地推进了绿色建筑的发展。

三、澳大利亚

为完成2020年温室气体排放比2000年下降5%～15%的规划目标，澳大利亚政府推出了一系列政策措施推动全社会的碳减排工作，绿色建筑得到高度重视，相关法律法规及评价体系也日趋完善。包括商业建筑信息公开（Commercial Building Disclosure，CBD）法案、澳大利亚建筑规范（Building Code of Australia，BCA）、最小化能源性能标准（Minimum Energy Performance Standard，MEPS）等在内的强制性政策取得了一定效果。相关配套政策有可再生能源（Renewable Energy Target，RET）法案、能源效率机会（Energy Efficiency Opportunities，EEO）、全国温室气体以及能源报告（National Greenhouse and Energy Reporting，NGER）行动等。

2010年7月商业建筑信息公开法案要求2000m^{2}或以上的办公建筑在出售或者出租之前，应公开最新的建筑能源效率认证（Building Energy Efficiency Certificate，BEEC）。建筑规范规定了新建居住建筑和商业建筑在能源效率方面的要求；最小化能源性能标准则是各州政府在建筑方面的法律法规中的强制项目。

2010年版的《澳大利亚建筑规范》明确了能源效率要求，提高了建筑在能源效率方面的规定。这些规定包括对于新建居住建筑，应达到6星能源评价或者相应水平；对于所有新建商业建筑，应有能源效率方面明显的提高。

MEPS标准被各州政府颁布的法案以及法规定为强制项目。法律对其中电气用具部分的概括性要求进行了详细规定，包括不满足要求的规定以及惩罚措施。该标准的技术要求则颁布在相关申请标准中，这些标准能够在各州的法规中找到。由于澳大利亚先给予各州政府包括能源在内的资源管理事项的责任，各州政府的立法是非常必要的。该标准的主要申请者都来自建筑制造业，包括商业建筑的冷却装置和空调制造商。

RET法案从2009年8月颁布实施。2010年6月，澳大利亚议会对RET进行修订，规定从2011年1月1日起，将RET分割为两个部分：大额可再生能源目标（the Large-scale Renewable Energy Target，简称LRET）以及小额可再生能源计划（Small-scale Renewable Energy Scheme，SRES），这次改变的目的在于给居住建筑、大额可再生能源项目以及小额再生能源系统的投资者更多的信心，为2020年澳大利亚电力供应提供更多的再生能源。

EEO项目要求大型能源使用公司辨别、评估并向公众报告有效减少能耗的机会。每年使用能源超过0.5帕焦耳的公司都被强制要求参加EEO。在国民经济的各个部分中，有210个企业在EEO中注册，包括商业房地产部分。

2007年澳大利亚推行“全国温室气体以及能源行动法案”，该法案提供了一个温室气体排放监控的框架，企业据此可报告自2008年6月1日以来的温室气体排放量以及能源消费和产出。该行动规定能源生产、消费或者温室气体排放量达到一定阈值的公司必须注册并报告。

澳大利亚发展绿色建筑的激励措施主要是减税，建立绿色建筑基金、国家太阳能学校项目和基于太阳能热水补贴的可再生能源补贴制度。

由于澳大利亚每年仅有2%的建筑存量得到更新，预计“商业信息公开”法案将发挥更大的影响。如同中国一样，澳大利亚绝大部分的企业和投资者对澳大利亚的主要可持续发展政策表示支持，力争使澳大利亚跻身全球众多绿色评估指标的领军者行列。

澳大利亚绿色建筑政策法规特点主要是经济激励与各种辅助政策共同发挥作用，同时绿色建筑评价体系中的“绿色之星”和“澳大利亚建成环境评价系统”分别针对设计阶段和既有建筑的环境表现，形成了一种互补的评价体系。

四、日本

日本是全世界推进节能最先进的国家之一。从政府到民众，普遍重视节能，依靠法律和政策的配套，推进全社会节能，从1973年至2003年，日本的单位GDP平均能源消费指数下降了37%，一次能源消费量为世界最低，成绩十分显著。

日本现行节能法律是2013年修改的。早在1979年，第二次石油危机使日本痛下决心，制定了第一部《能源利用合理化法》(又称《节约能源法》)。经过30多年的努力，日本的单位GDP能耗达到了世界最低水平。日本政府通过不断修订完善《节约能源法》，并配之各项政策措施，形成了一个健全的节能法规体系，节能工作始终体现出法制化、规范化的特点。

日本《节约能源法》包括总则、方针、工厂措施、运输措施、建筑物措施、机械器具措施、各种细则和惩罚条例共计八章99条，涵盖了工业节能、建筑节能、交通节能和设备节能4个部分。其中，建筑节能部分具体又分为《公共建筑节能标准》和《居住建筑节能标准》。与节能基本方针、节能判断基准结合，《节约能源法》强化了企业计划性和自主性的能源管理，规范了政府、企业和个人之间的用能管理关系和节能行为，是日本开展节能管理的工作基础。为使节能工作更贴近实际、提高工作效率及拓宽监管范围，1983年、1993年、1998年、1999年、2002年、2005年和2008年又先后多次对节能法进行修订。目前，日本节能法已从原来的生产领域延伸到运输部门和生活领域。

2008年，日本《节约能源法》要求将现行以工厂为单位进行用能定期报告制度改为以企业为单位进行定期报告的综合能源管理体系，节能工作成为企业的经营中心手段；同时，将连锁经营组织也纳入企业范围，导入与企业单位相同的能源管理制度，使业务部门的覆盖率从现有的一成大幅度扩大。

2010年，日本实行新的《节约能源法》，根据不同行业的实际情况确定一个定标比超标准。根据对能源的消费量，日本将用能单位确定为两种类型，第一类工厂是年消费原油3000千公升以上的单位，第二类工厂是年消费原油1500千公升以上的单位。日本《节约能源法》明确规定了各用能单位的责任、义务，提出了不同的管理要求，如每年定期提交能源使用状况申报书、定期报告书和中长期计划书，依法聘用能源管理员等。节能中心定期调查，如果企业评分不达标，经产省地方局将实施现场检查，并提出改进建议，如果企业不遵从指示，将被实行通报批评和罚款；同时，实行能源管理员制度。各用能单位必须聘用能源管理员，能源管理员在行使监管权力时独立于用能单位之外。工厂选任或变更能源管理员，必须向经产省提出申报。能源管理员由经过能源管理师考试或能源管理进修结业而获得能源管理师资格的人员担任。

五、新加坡

新加坡政府向来非常重视能源与水的有效使用，然而新加坡的建筑工业每年消耗全国总电力的1/3。因此，新加坡政府通过立法把绿色标志作为公共建筑的强制执行标准。为了促进绿色标志的实施，新加坡建筑工程管理局启动了“绿色标志奖励机制”（BCA Green Mark Scheme），为各种新建与现存建筑施行绿色标志提供资金支持。其有效地鼓励了发展商、业主和建筑专业人员广泛应用绿色标志。与此同时，也为实现新加坡高质量建筑的政府性目标提供了专业的协助。目前，已经有1亿新加坡元投入这一项目来支持现存建筑实施绿色标志。

在新加坡，建筑业的用电量占全国用电总量的1/3。新加坡政府采取各种措施来优化能源使用，并且联合企业一起制定政策来促进节约能源的议程。

新加坡政府施行可持续性建设规划的重点策略包括：公共机关起带头作用；促进可持续性建设规划在企业领域的认知；与企业协同研究和发展可持续性建设规划；树立企业能力；策略性分析规划，提高整个社会对可持续性建设规划的意识；通过立法制定可持续性建设规划的标准。

六、中国

虽然我国绿色建筑工作起步较晚，但早在起步阶段政府就制定出台了方向明确的相关法律法规以及规章制度，并从不同层面上制订了具体的计划。2003年发布的《节约能源法》首次将建筑节能列入了法律，在国家级的长远战略中，将建筑的节能作为独立章节列出，为推进绿色建筑的发展提供了法律依据。

2001年9月出版了《中国生态住宅技术评估手册》，这是中国大陆首个绿色建筑评估文本，随后出版了修订版和第三版（2003年）。2003年8月，由清华大学等单位完成了《绿色奥运建筑评估体系》（Green Olympic Building Assessment System，GOBAS）的研究，提出用Q（Quality）—L（Load）双指标体系及权重体系对我国的绿色建筑进行评估。

2005年建设部、科技部联合出台了《绿色建筑技术导则》，旨在引导、促进和规范绿色建筑的发展。

2006年，为了加强民用建筑节能管理，《民用建筑节能管理规定》正式实施。同年，我国发布了自己的绿色建筑评级系统“绿色建筑评价标准”，从场地规划、能源利用、土地利用、水资源保护和内部空气质量等方面来对建筑进行评估。2007年，住建部印发《绿色建筑评价标识管理办法》。为规范绿色建筑的管理，依据《绿色建筑评价标准》和《绿色建筑评价技术细则（试行）》，对已竣工并投入使用的住宅建筑和公共建筑确认等级并进行信息标识，包括证书和标志。2008年，为了加强民用建筑节能管理，降低民用建筑使用过程中的能源消耗，提高能源利用效率，我国制定通过了《民用建筑节能条例》；为了贯彻落实节约能源和保护环境的基本国策，积极发挥公共机构在全社会节能中的表率作用和节能潜力，根据《中华人民共和国节约能源法》，制定通过了《公共机构节能条例》。

2009年，国家开始大力推进一、二星级绿色建筑评价标识，住建部发布通知，要求各个省份要开展绿色建筑评价体系应具备如下条件：有一定绿色建筑的发展基础、出台了当地绿色建筑相关标准、要有能够承担评价标识管理工作的机构、有技术支撑单位、成立了专家委员会等。在我国“十二五”纲要中，再次提到要大力推广绿色建筑、绿色施工、推广使用先进环保的建筑材料、设备，以及优化的信息结构管理模式，自此，国家第一次将绿色建筑的发展正式列入我国中长期发展规划中。自2012年开始，政府逐渐引导市民、房地产及企业开发绿色建筑，住建部发布《关于加强绿色建筑评价标识管理和备案工作的通知》，鼓励业主、房地产开发、设计、施工和物业管理等相关单位开发绿色建筑。2013年，国家首次出台了强制节能标准，并对未来提出了目标：国务院办公厅发布了《关于转发发展改革委住房城乡建设部绿色建筑行动方案的通知》，对“十二五”期间的建筑发展提出了目标：城市及乡镇的所有新建建筑都要强制执行绿色建筑能源节约标准，并完成新建绿色建筑10亿m^2；到2015年年末，新建建筑中达到绿色建筑标准的比率要达到20%，并强制规定政府投资的国家机关、学校、医院、博物馆以及建筑面积超过2万m^2的机场、车站、宾馆、饭店、商场、写字楼等大型公共建筑自2014年起全面执行绿色建筑标准。

中国香港绿色建筑的发展起步较早，早在1996年就推出了《香港建筑环境评估法》（HK-BEAM，*Hong Kong Building Environmental Assessment Method*）。在2000年，香港参加了在荷兰马斯垂克举行的第二届绿建筑国际会议和永续建筑国际会议。但是在以经济为导向，自愿性的发展框架下，香港绿色建筑发展的步伐较慢。

香港绿色建筑的政策和法规发展主要由环境局和发展局下设的机电工程署（Electrical and Mechanical Services Department，EMSD）主导。发展内容主要集中在制定环保法例，可持续能源及节能技术的开发和利用，限制能源供应商的碳排放，鼓励各机构加入碳审计行列，以及推广以提高建筑设备和电器能效为主的节能减排措施。而与建筑和城市发展更为相关的部门如屋宇署、建筑署、规划署则相对在绿色建筑发展方面起到辅助的作用。

中国香港是亚洲最早提出并实施绿色建筑评估体系的城市。经过十年的发展，香港的绿色建筑评估体系仍然未能得到市场的大量应用，其中很重要的一个原因是推广机构繁多。有鉴于此，建造业议会（Construction Industry Council，CIC）、商界环保协会（Business Environment Council，BEC）、香港环保建筑协会（BEAM Society）和环保建筑专业议会（Professional Green Building Council，PGBC）于2009年11月联合成立了香港绿色建筑议会（the Hong Kong Green Building Council，HKGBC），并在2010年4月正式推出了第四次更新版BEAM Plus。该评估法从建筑物的节能、用地设计及完善生活设施、室内环境质素、节材、减废、节水及创新等多方面进行评审。评估对象包括了全部类型的新建建筑物和现有建筑物：住宅用房、商业用房、机构用房和工业用房。它根据香港人口密集、高楼林立的特征，包括并签注了当地建筑物规划、设计、建设、试运行、管理和运行规范。该评估体系包括以下范畴：地点因素（Site Aspects，SA）、材料因素（Material Aspects，MA）、能源使用（Energy Use，EU）、用水（Water Use，WU）、室内环境质量（Indoor Environmental Quality，IEQ）。在评分比重中，SA占25%，MA占8%，EU占35%，WU占12%，IEQ占20%。另外，该体系鼓励创新设计，如评审通过，可获得额外加分。BEAM Plus认证分为四个等级：白金级、金级、银级、铜级，要达到每个等级，除了要满足总分的要求，同时需要满足关于SA、EU、IEQ、IA的各项相关分数要求。

第四节　绿色建筑评价标准体系

一、世界绿色建筑标准的简要发展过程

从历史的角度来看世界绿色建筑发展，我们要从酝酿世界绿色建筑标准的关键机构之一——美国绿色建筑协会（U.S Green Building Council，USGBC）说起。美国的绿色建筑协会始于1993年，它起源于美国各州独立组织发起的绿色住宅运动。1990年，第一家绿色住宅建筑组织成立于美国得克萨斯州奥斯汀市（Austin，Texas）。该组织在1992年里约热内卢首届联合国可持续发展会议上获奖。相继，绿色住宅建筑组织迅速在科罗拉多州的丹佛市（Denver，Colorado），华盛顿州的基萨普郡和克拉克县郡（Kitsap County，Clark County，

Washington）等许多美国城市中发展起来。在此影响下，全国性的美国绿色建筑协会终于产生。

美国绿色建筑协会制定了注重节约能源与环境设计的绿色建筑评估标准LEED，它是一种自愿执行的全国性普遍标准。同一时期，世界其他地域的绿色建筑标准开始发展，如英国建筑研究院的绿色建筑评估体系BREEAM，日本可持续性建筑发展协会则制立了CASBEE（the Comprehensive Assessment System for Building Environmental Efficiency）——建筑物环境效率综合评价体系，以达到社会与市场双赢的可持续发展目标。

纵观国外发达国家的有关绿色建筑的政策法规，不论发展最早的英国，还是市场推动最成功的美国，以及政策制定完善的日本，都为本国绿色建筑的发展提供了有力的保障。

二、美国LEED

1993年，美国成立代表整个建筑行业的全国性、非营利性、以建设环保建筑为主题的机构——美国绿色建筑委员会（U.S. Green Building Council，USGBC），于1998年推出了“能源与环境设计先锋”LEED评价体系。这一体系旨在转变建筑物、社区设计、建造与运作的方法，赋予具备环境与社会责任、健康并富足的环境，促进生活品质。评选参数共分7个大类：可持续选址、用水效率、能源和大气、材料和资源、室内环境品质、革新和设计过程、区域优先性。LEED有很广的适用范围，在评估过程中，对所评价的每一种环境指标进行单独评分，然后汇总得出总分。

作为国际上最具影响力的绿色建筑评价标准之一，LEED标准根据绿色建筑的实践反馈进行了持续的更新，从2000年到2009年，LEED V1升级到LEED V3版。自2011年以来，新版本LEED V4开始探讨与研究，历时两年，直到2013年11月正式通过并实施，并于2015年6月强制实施。

LEED标准V4版本整合了同建筑类型标准，标准数量从9个减少至5个。LEED标准V4版本中包括了3个新标准：

（1）建筑设计与施工（Building Design and Construction，BD+C）标准，时间上对应绿色建筑全寿命期的设计建造阶段，合并了原有的新建建筑、核心和外壳、医疗保健、学校、零售5 个标准中该阶段的内容。

（2）建筑运营与维护（Operations and Maintenance，O+M）标准，时间上对应绿色建筑全寿命期的运营阶段，合并了原有的既有建筑、医疗保健、学校、零售4个标准中运营阶段的内容。

（3）室内设计与施工（Interior Design and Construction，ID+C）标准，时间上对应绿色建筑全寿命期中的室内装修阶段，该标准主要面向一些有较高室内设计要求的建筑类型，合并了原有的医疗保健、零售、商业室内3个标准中室内装修阶段的内容。同时，社区开发（Neighborhood Development，ND）和住宅（HOMES）标准与LEED标准2009版本保持一致，分别针对社区或城区尺度、居住建筑类型，在LEED标准体系中基于评价对象的独特性而单独列出。

值得一提的是，LEED认证并非由政府机构而是由第三方机构开展的商业绿色建筑评级，设计和使用方都不参与评级使得其评级在技术上和管理上都有较高的权威性。

三、英国BREEAM

BREEAM是英国建筑研究院于1990年研发的国际第一例绿色建筑评价体系，是全球领先并已广泛应用的建筑环境评价方法，通过制定标准以提供最小化建筑环境影响的创新性方案。针对英国本土以外的评估项目，将根据当地的气候、生态环境、建筑材料、文化、施工规范、建筑法律法规、基础设施、历史文脉等因素开发适用于该项目的评估标准。但为了保证在BREEAM体系下各个项目间具备可比性，BREEAM评估在基本评估内容不变的情况下，根据项目实际辛苦调整得分权重和技术指标来制定评估标准。BREEAM目前主要有六大类评价体系（图2-1）。六大体系的评价对象不同，但评价流程与权重制定方式相似。

为了易于被理解和接受，BREEAM采用了一个相当透明、开放和比较简单的评估架构。所有的“评估条款”分别归类于不同的环境表现类别，这样根据实践情况变化对BREEAM进行修改时，可以较为容易地增减评估条款。BREEAM从管理、健康与舒适、能源、交通、水、材料、土地利用和生态、废弃物、污染等9个方面（图2-2），对参评建筑的设计阶段和施工阶段进行评价和引导。被评估的建筑如果满足或达到某一评估标准的要求，就会获得一定的分数，所有分数累加得到最后的分数，BREEAM根据建筑得到的最后分数给予“通过（≥30）、良好（≥45）、优秀（≥55）、优异（≥70）、杰出（≥85）”5个级别的评定。

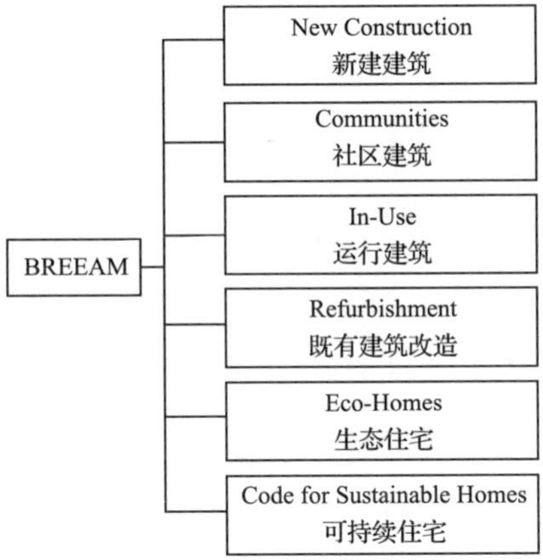

图2-1　BREEAM评价体系

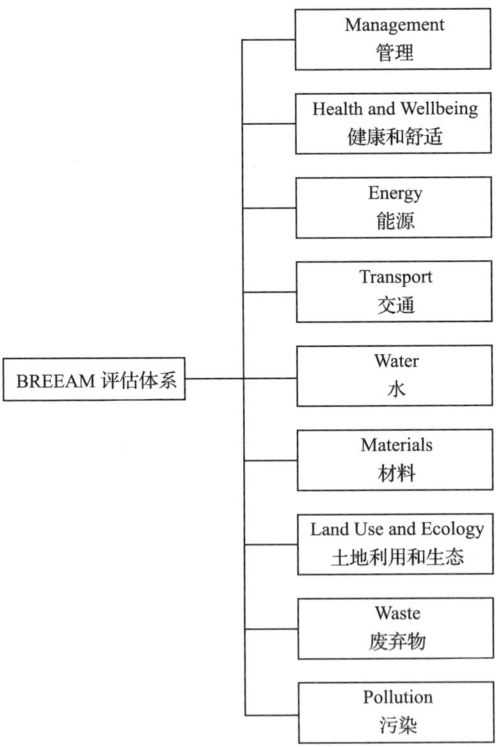

图2-2　BREEAM评价指标

四、德国DGNB

英国的绿色建筑评价标准BREEAM和美国的LEED绿色建筑评估体系代表了第一代绿色建筑评价体系。2006年，德国政府组织专家研究制定适合本国发展策略的绿色建筑评价体系，对第一代绿色建筑评价体系在保护环境、降低周期成本、保护健康、社会、文化这几个方面进行了分析完善，从而建立了第二代绿色建筑评价体系DGNB。

德国自1977年起就制定了本国的指定型建筑能效要求，在当时为保温条例。在2002年实施“建筑能效指令”（the Energy Performance of Buildings Directive，EPBD）后，首次颁布了本国的绩效型建筑规范《德国节能条例》EnEV（德语全称“Energieeinsparverordnung”），并于2002年2月生效。它取代了以往的《供暖保护法》和《供暖设备法》，制定了新建建筑的能耗新标准，规范了锅炉等供暖设备的节能技术指标和建筑材料的保暖性能等。按照新法规，建筑的允许能耗要比2002年前的能耗水平下降30％左右。同时，新法规要求进行强制性（等效示范建筑物）能源框架计算以确定住宅和非住宅建筑物的预计一次能耗，将围护热工性能要求、耗能和产能系统纳入计算当中，包括采暖通风与空调（Heating，Ventilation and Air Conditioning，HVAC）、热水、照明（只限于非住宅用）、生物气候设计和可再生能源等。

在建立评估DGNB系统时，德国政府组织专家围绕建筑全寿命过程，以环境质量、经济质量、社会与功能要求、技术质量、过程质量、场地质量六个方面（表2-1）为重点进行评估，为达到总体目标即建筑的可持续性，对建筑物进行评价，与第一代绿色建筑的差别是，它不对每个具体的实施细节都做出规定和要求DGNB评估核心要素彼此之间相互关联、相互影响，其相互之间应达到一个合理的平衡。DGNB体系根据建筑物的不同类型和用途对评价标准的条目、内容以及相对应的评分权重进行精确的调整，在核心质量目标得到保证的前提下。它可以灵活地根据不同国家和地域的气候、法律法规、文化以及建设技术等实际情况进行适当的调整，这使得该系统在全世界范围使用并且同时保证其高水准的认证质量。

表2-1　德国DGNB评价指标

评价大类	评价项	评价指标
环境质量（22.5%）	全球和地区环境影响	全球变暖潜值
		臭氧耗竭潜值
		光化学臭氧形成潜值
		酸化潜值
		富氧化潜值
		当地环境风险
		可持续木材
	资源需求	一次能源需求
		可再生能源比重
		饮用水需求与废水处理
		土地使用
经济质量（22.5%）	生命周期成本	建筑生命周期成本
	性能	价值稳定性
社会文化和功能（22.5%）	健康舒适和使用满意度	冬季热舒适度

续表

社会文化和功能（22.5%）	健康舒适和使用满意度	夏季热舒适度
		室内空气质量
		声环境舒适度
		视觉舒适度
		使用者干预和可控性
		建筑室外空间质量
		安全性
	功能质量	无障碍设计
		空间效率
		功能适应性
		公共可达性
		自行车使用舒适性
	确保设计质量	设计与城市质量
		建筑的艺术性
技术质量（22.5%）	技术执行	隔声
		保温和防止冷凝
		清洁维护
		拆解、分离和再利用
过程质量（10%）	管理和设计	项目准备
		整合设计
		设计步骤方法的优化和整体性
		投标中考虑的可持续因素
		最优使用和管理要求

续表

过程质量（10%）	施工	建筑工地、建设过程
		施工单位的质量、资格审查
		施工质量保证
		系统测试
场地质量（单独评价）	场地质量	场地局部环境风险
		场地局部环境条件
		场地形象与特征
		公共交通连接
		临近市政服务设施
		临近城市基础设施

五、澳大利亚

澳大利亚绿色建筑评价体系主要有“绿色之星”（Green Star）评价系统、澳大利亚全国建成环境评价系统（NABERS）以及建筑可持续性能指标（Building Sustainability Index，BASIX）等几种评价系统。“绿色之星”由澳大利亚绿色建筑委员会开发完成，其评价的多项内容均奠定了依据设计信息和管理程序的理想的环境状况下，所有的设计预设，其表现效果将会怎样。而全国建成环境评价系统建立的实际运行中的表现数据库，则是绿色之星评价系统的大力补充，这样就构成了一个对于建筑师、工程师、开发商、租赁者和所有者的一个颇有意义的反馈环路。

1.“绿色之星”（Green Star）评价系统

绿色之星评估系统针对不同的建筑类别，从管理、室内环境、能源、交通、水、节材、土地利用与生态、排放物、创新等9个方面分别评分，每个部分均细分为几类，每一类别均强调提高环境表现的主动性并根据不同权重计算分值。此外考虑到地域差异，每个评价系统中，往往会附有一个关于权重分析的附件。项目得分45~59分的为四星，60~74分为五星，75~100分为六星，六星是绿色之星最高级别的评价认证，意味着该项目的环境可持续设计或建造达到了世界领先水平。

“绿色之星”的评价工具帮助房地产业和建筑业减少建筑的环境不利影响，提升使用者的健康以及工作效率，真正做到节省开支。目前的“绿色之星”评价工具有针对不同开发项目的，例如教育建筑、医疗建筑、工业建筑、多层集合住宅、办公建筑、办公建筑建造、办公建筑设计、办公建筑室内、购物中心、会展建筑、观演建筑、社区等。

2.全国建成环境评价系统（NABERS）

澳大利亚全国建成环境评价系统（National Australian Built Environment Rating System，NABERS）最初是由澳大利亚环境与遗产部（Department of the Environment and Heritage，DEH）开发出来的一种评价系统。澳大利亚新南威尔士州环境与气候变化和水资源部（Department of Environment and Climate Change and Water，DECCW）由澳大利亚环境与遗产部于2005年3月选出来作为该系统后续的商业化等事宜。

DECCW负责管理澳大利亚全国该系统的运营和发展。由

NABERS全国指导委员会监督其执行，该委员会成员为澳大利亚和各个州等地方政府的代表，澳大利亚可持续建成环境委员会作为观察员存在。该系统由获得认证资格的评估员来执行其评价。

NABERS是一种基于既有建筑表现的评价系统。其对建筑的评价是以测量出的建筑运行对环境的影响为基础，并给出一个简单的指标，来显示这些环境影响的控制效果，其影响结果以该项目获得的星级为认证指标。目前已经提供的评价系统包括办公建筑、住宅、旅馆、购物中心、学校、医院和运输等不同类型建筑的评估系统。例如，为办公建筑准备的评价系统包括了NABERS能源，NABERS水，NABERS废弃物和NABERS室内环境。该系统最大特点是针对既有建筑运行的测量结果进行评价。因为绝大部分建筑的环境影响来自既有建筑的运行，而目前绝大多数澳大利亚和国际上现存的评价体系主要是进行设计和开发阶段的评价。而设计尽管非常重要，但不能保证好的设计一定带来建筑运行中好的环境表现。

这样，该系统针对的是既有建筑，而且测量的各种数据都是在建筑运行阶段获得的，那么其意义非常巨大，不仅提供了一套评价系统，脚踏实地地反映建筑运行的环境影响，而且基于实测表现的结果，可以有助于补充完善专业的设计工具，完善针对设计和开发阶段的评价系统。该系统实测的主要环境影响门类包括能源利用和温室气体排放、水利用、废弃物和室内环境。其他的环境影响门类，正在研发中。

六、日本的建筑物环境效率综合评价体系（CASBEE）

建筑物环境效率综合评价体系CASBEE是作为产（业）、政

（府）、学（者）共同研究项目，从2001年起在国土交通省住宅局的支持下，由日本可持续建筑协会（Japan Sustainable Building Consortium，JSBC）开发，对“建筑物的环境品质”和“建筑物的环境负荷”进行综合评价的工具，并于2004年与日本绿色建筑协会联合推出。

CASBEE提出的建筑物环境效率综合评价内容，包括由建筑用地边界等定义的“假想边界”划分出的内外两个空间的相互关联的各个因素，即需同时考虑“对假想封闭空间外部公共区域的负面环境影响”和“对假想封闭空间内部建筑使用者生活舒适性的改善”两个方面。CASBEE将这两方面内容，分别定义为L和Q，如图2-3所示，并分别进行评价。

Q（Quality）即建筑物环境质量与性能：评价“对假想封闭空间内部建筑使用者生活舒适性的改善”。

L（Load）即建筑物的外部环境负荷：评价“对假想封闭空间外部公共区域的负面环境影响”。

建筑物环境效率（Built Environment Efficiency）的定义就是用上述的评价指标建筑物环境质量与性能（Quality）除以建筑物外部环境负荷（Load）得到的值。

建筑物环境效率（BEE）=建筑物环境质量与性能（Quality）/建筑物外部环境负荷（Load）。

采用BEE指标，使建筑物环境效率的评价结果更为简洁、明确。将评价结果表示在横轴为L、纵轴为Q中，BEE值则是原点（0，0）与评价结果坐标点（L，Q）连线的斜率。Q越大，L越小，其斜率BEE也越大，表示该建筑物的绿色（可持续性）水平越高。利用此方法，基于斜率分割的不同领域，还可以评定建筑物环境效率的等级。将建筑物的评价结果（BEE）由低到高地排列在图2上，表示建筑物的绿色标签分别为C级（1星：★，劣）、B-级（★★）、B+级（★★★）、A级（★★★★）和S级（5星：★★★★★，特优）。

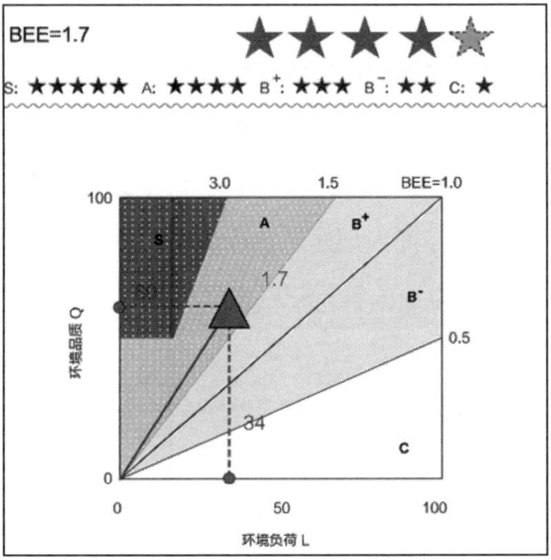

图2-3　建筑物环境效率BEE的表示和星级划分

1.评价方法

CASBEE适用于包括住宅等其他用途的新建建筑。基于节能法分为8个用途（含工厂），加上集合住宅，户建住宅，其他的评价工具（CASBEE—户建）进行评价。评价中将工厂等生产区域排除在外，主要以居住区域（事务所等）作为评价的对象。针对对象的不同用途，分为“非住宅类用途”和“住宅类用途”两大类。特别的“住宅类用途”包含医院、酒店、公寓、私有者的住房、住宿的空间（下面<居住、住宿部分>）的建筑物。这样，住宅类用途的建筑物的评价，分为“居住·住宿部分”和除此之外的公共部分（<全体建筑物·公用部分>）。

2.评分标准

为了使评分标准能够适用于各种功能用途的被评对象建筑，按以下确定：

（1）采用5级评分方式，基准值为3分。

（2）原则上满足建筑标准等最低条件时评定为1分，达到一般水平时评为3分。

所谓一般水平（3分），表示相当于评价当时的社会与技术发展水平。

3.建筑物环境质量与性能的评价项目

在CASBEE中，“建筑物环境质量与性能”是指改善建筑物使用者生活舒适性的质量与性能，所包含的项目见表2-2，需分别进行评价。

表2-2　建筑物环境质量与性能的评价项目

评价分类	项目	子项目
Q1.室内环境	1.声环境	1.1 噪声
		1.2 隔声
		1.3 吸声
	2.热环境	2.1 室温控制
		2.2 湿度控制
		2.3 空调方式

续表

Q1.室内环境	3.光环境	3.1 自然光利用
		3.2 眩光对策
		3.3 照度
		3.4 照明控制
	4.室内空气品质	4.1 污染源对策
		4.2 新风
		4.3 运行管理
Q2.服务质量	1. 功能性	1.1 功能性与易操作性
		1.2 心理与心情
		1.3 维护管理
	2. 耐用性与可靠性	2.1 抗震与减振
		2.2 维护更新的必要时间间隔
		2.3 可靠性
	3. 适应性与可更新性	3.1 空间裕度
		3.2 载荷裕度
		3.3 设备的可更新性
Q3. 室外环境（建筑用地内）	1. 保护与营造生物环境	
	2. 街道排列与景观造型	
	3. 地域特征与室外舒适性	3.1 地域性考虑和舒适性改善
		3.2 建筑用地内热环境改善

4.建筑环境负荷的评价项目

建筑物环境负荷的降低主要是指减少建筑物能耗、资源消耗以及对建筑用地外环境造成的负面影响（公害），所包含的项目见表2-3，需分别进行评价。

表2-3　建筑环境负荷的降低所包含的评价项目

评价分类	项目	子项目
LR1.能源	1. 降低建筑冷热负荷	
	2.可再生能源的有效利用	
	3. 设备系统的高效化	
	4. 运行效率	4.1 监控
		4.2 运行管理体制
LR2.资源与材料	1. 水资源保护	1.1 节水
		1.2 雨水利用、污水再利用
	2. 使用低环境负荷材料	2.1 材料使用量的减少
		2.2 对既有建筑主体的再利用
		2.3 对建筑主体材料的回收利用
		2.4 非构造材料的回收利用
		2.5 使用从可持续森林采伐的木材
		2.6 提高构建再利用可能性的措施
	3. 避免使用含有污染物的材料	3.1 使用不含有害物质的材料
		3.2 避免使用氟利昂与哈龙
LR3.建筑用地外环境	1. 全球暖化	
	2. 地域环境	2.1 防止大气污染
		2.2 改善热环境
		2.3 区域基础设施负荷
	3. 周边环境	3.1 噪声、振动与恶臭的防止
		3.2 风害与日照
		3.3 光污染

5.评价项目的权重系数

决定表2–4所示的评价项目的权重系数，不能只依靠科学知识，必须基于设计者、建筑物拥有者·管理者、行政方面的相关者等有关人员的价值观进行判断。CASBEE的开发人员针对设计者、建筑物所有者·管理者、行政相关者进行了大范围的实际调查，经过比较判断不同层面的情况，采用衡量多个项目重要性的AHP（Analytic Hierarchy Process，层次分析法），针对用途不同设定不同的权重系数。CASBEE–新建筑（2008年版）就通过针对254名专家的权重调查加入了LR3“考虑地球温暖化”的评价体系。

表2–4　各评价项目的权重系数

现场测试		
Q1 室内环境	工厂以外	工厂
	0.40	0.30
Q2 服务质量	0.30	0.30
Q3 室外环境（建筑用地内）	0.30	0.40
LR1 能源	0.40	
LR2 资源与材料	0.30	
LR3 建筑用地外环境	0.30	

CASBEE 首次提出了建筑环境效率的概念（Building Environmental Efficiency，简称BEE），并且把建筑对环境的影响区分为性能与负荷，正面和负面影响两个方面。明确划分了建筑物环境效率的评价边界，

提出了用地边界和建筑最高点之间的假象封闭空间作为建筑物环境效率评价的封闭体系这一概念。日本政府对该体系的推广做出了很大的努力，例如在日本的很多城市，如名古屋，大阪，横滨等，新建建筑在建造前必须提交 CASBEE 的评估数据。其评价体系从日本国情出发，增加了建筑抗震性以及在地震等特殊情况下设备以及系统应急性能等评价。同时，这一体系也是第一个亚洲国家自主研发的绿色建筑评价体系。

七、新加坡的绿色建筑标志（BCA Green Mark）

2005年，新加坡建筑管理局（Building & Construction Authority，BCA）启动了“绿色建筑标志计划”来引导新加坡建筑工业向环保建筑的方向发展，并发布了Green Mark评价体系。根据新加坡建筑管理局的倡议，绿色建筑标志计划旨在提高建筑环境的可持续性以及发展商、设计师、工程建造人员的环境意识。新加坡的这一绿色建筑评估标准是在对全球环境设计实践及美国绿色建筑协会LEED评估标准的充分认识上发展形成的。与BREEAM、CASBEE等自愿申请的绿色建筑评价体系不同——绿色标志计划是新加坡政府环境保护计划的一部分，由新加坡政府亲自管理，新加坡国内已经成为实质上的强制性标准。

Green Mark强调，在建筑物的全寿命周期中要将环境友好、可持续发展等理念作为核心理念，最初的评估对象包括新建建筑和既有建筑两个部分，包括节能、节水、环境保护、室内空气质量和其他绿色特征五项关键评估指标。随着建筑市场逐渐丰富，评价体系随着评估对象覆盖范围逐步完善，2013年，已发布居住类新建建筑与非居住类新建建筑更新版本V4.1。与BREEAM，LEED及CASBEE不同，Green Mark在新加坡国内是实质上的强制标准，而非自愿申请。经过近十年的发展，Green Mark评价标准获得了各界广泛的认同，并被广泛地借鉴和引用。Green Mark评价体系从设计、施工以及到运营阶段进行全过程控制。主要围绕节能和其他绿色环保两方面的内容。节能要求又分为节能部分和可再生能源利用部分，旨在提高建筑物的能量效率，采用良好的建筑设计方法，选择节能设备；对水资源的合理使用以及强调环境保护、提升室内环境质量均属于其他绿色环保措施类。强调节水，建筑物的用水效率的提高是节水的保障；强调环境保护，室内环境质量，旨在改善室内环境质量，包括空气质量、热舒适性、噪声控制和太阳光照射；减少环境建设和资源消耗的负面影响；其他环保措施意在采用创新技术和手段对环境产生有利影响。

八、中国

2006年，经过5年的应用推广以及对其他成熟的评价体系的分析与研究，结合具体国情，我国首部《绿色建筑评价标准》（GB/T 50378）颁布，确定了中国绿色建筑的定义：在建筑的全寿命周期内，最大限度地节约资源（节能、节地、节水、节材），保护环境和减少污染，为人们提供健康，适用和高效的使用空间，与自然和谐共生的建筑。绿色建筑评价共分为三个星级：一星级，二星级，三星级。三星级绿色等级最高。评价标识分为设计标识与运行标识。中国幅员辽阔，气候条件各异，在居住建筑节能设计标准上通常按3个气候区分为3部标准：北方寒冷及严寒地区，长江中下游的夏热冬冷地区，和南方的夏热冬暖地区。公共建筑节能设计标准和绿色建筑评价标准则全国采用同一标准。节能标准编制是以20世纪80年代的建筑能耗水平为基准。

经过8年实践摸索，2014年发布了修订版，并已于2015年1月1日正式实施。与此同时，绿色建筑设计、施工、运行维护标准，绿色工业、办公、医院、商店、饭店、博览、既有建筑绿色改造、校园、生态城区等评价标准，民用建筑绿色性能计算、既有社区绿色化改造技术规程，以及绿色超高层、保障性住房、数据中心、养老建筑等技术细则也相继颁布或启动编制（表2–5）。此外，全国已有25个省市出台了地方绿色建筑评价标准。绿色建筑标准正向全寿命周期、不同建筑类型、不同地域特点、由单体向区域的几个维度充实和完善。

为了贯彻落实党的十九大报告中“加快生态文明体制改革，建设美丽中国”的总体要求，根据住建部工作要求，中国建筑科学研究院等单位于2018年2月启动了《绿色建筑评价标准》（GB/T 50378）的第三次修订工作。

表2–5　国家及行业标准

类型	标准文件名称	编号	发布日期	实施日期
工程国标	《建筑工程绿色施工评价标准》	GB/ T 50640–2010	2010/11/3	2011/10/1
工程行标	《民用建筑绿色设计规范》	JGJ/T 229–2010	2010/11/17	2011/10/1
工程国标	《绿色工业建筑评价标准》	GB/T 50878–2013	2013/8/8	2014/3/1
工程国标	《绿色办公建筑评价标准》	GB/T 50908–2013	2013/9/6	2014/5/1

续表

工程国标	《绿色校园评价标准》	CSUS/GBC. 04－2013	2013/3/1	2013/4/1
工程国标	《绿色建筑评价标准》	GB/T50378-2014	2014/4/15	2015/1/1
协会标准	《绿色住区标准》	CECS 377：2014	2014/6/19	2014/10/1
工程国标	《绿色商店建筑评价标准》	GB/T51100-2015	2015/4/8	2015/12/1
工程国标	《既有建筑绿色改造评价标准》	GB/T51141-2015	2015/12/3	2016/8/1
工程国标	《绿色医院建筑评价标准》	GB/T51153-2015	2015/12/3	2016/8/1
工程国标	《绿色博览建筑评价标准》	GB/T51148-2016	2016/6/20	2017/2/1
工程国标	《绿色饭店建筑评价标准》	GB/T51165-2016	2016/4/15	2016/12/1
行业标准	《绿色航站楼标准》	MH/T 5033-2017	2017/1/3	2017/2/1
工程国标	《绿色生态城区评价标准》	GB/T51255-2017	2017/7/31	2018/4/1
工程行标	《绿色建筑运行维护技术规范》	JGJ/T391-2016	2016/12/15	2017/6/1
工程行标	《既有社区绿色化改造技术规程》	JGJ/T425-2017	2017/11/28	2018/6/1
工程行标	《民用建筑绿色性能计算规程》			在编

第三节　绿色建筑相关技术

绿色建筑的发展得力于技术发展之处甚多，通常绿色建筑设计须达成节能、节水、节材、节地、环保、健康等一系列目标。各种技术的应用和集成成为绿色建筑研究和发展的重要支柱。技术的进步对于绿色建筑的发展有很大的推进力。然而如果在绿色建筑的研究和实践中，对于建筑技术的采用纯粹是“炫技派”的为技术而技术，抑或是“盲从派”的知其然不知其所以然、盲目采用，对于我国的绿色建筑发展非常不利。我国还处于发展中国家，对于前者易陷入技术堆砌的窠臼，导致造价高、维修维护复杂；后者则使人们不能清醒地认识技术的优势和局限性，难以从适宜性角度探讨技术问题。

一、绿色建筑技术的定义

西安建筑科技大学绿色建筑研究中心对绿色建筑技术的定义为：绿色建筑技术属于技术学研究范畴，它不是独立于传统建筑技术的全新技术，而是用“绿色”的眼光对传统建筑技术的重新审视，是传统建筑技术和新的相关学科交叉与组合，是符合可持续发展战略的新型建筑技术。

建筑技术是建造房屋的手段和方法，包括规划设计技术、建筑结构技术、建筑材料与部品技术、施工技术和设备技术等。建筑是技术的载体，经过施工阶段，技术成为建筑的组成进入实用状态。绿色建筑技术是建造绿色建筑的手段和方法，一方面，它将“绿色”“可持续”的理念赋予建筑技术，是能实现有效地使用自然资源和减少对环境破坏的建筑技术；另一方面，它以节地、节能、节水、节材和优化室内外环境为特征，涉及建筑全寿命期各环节，能够实现资源节约与综合利用，为居住者提供健康、舒适、低耗、无害空间，减轻环境负荷，保护自然环境。绿色建筑技术的应用中必须强调全寿命期的理念、因地制宜的原则，并综合考虑经济效益、社会效益和环境效益。

二、绿色建筑技术的特点

1.地域性

绿色建筑技术是基于当地气候条件，符合当地社会经济文化水平、行为模式和生活方式，保护当地生态环境的技术，因此其本质具有较强的地域性。绿色建筑技术的产生就是为了解决气候或者说是环境问题，许多绿色建筑技术的应用效果受到气候条件的显著影响，尤其是节能技术。由于技术与气候的这种紧密关系，以及气候在地域分布上的差异性，使得绿色建筑技术在空间维度上表现出区域性差异。同时，绿色建筑技术的应用除了受气候等自然环境条件限制，还要受地域文化、经济特点、区域生产条件等因素影响，这些因素都具有鲜明的区域性差异。

2.适宜性

绿色建筑技术既包括传统建筑技术的全新应用，又包括一些符合可持续发展战略的新型建筑技术。技术是随着人类的发展不断进步的，建筑技术演化的历程是从低技术向中技术，再向高技术演进的，但绿色建筑技术包含这几个层次的技术，即低技术、中技术、高技术。适宜性技术是依据地域自身条件，针对地方资源、自然气候特点、经济发展状况、地域文化传统，将现代技术有选择地与地方传统技术结合起来采用的技术解决方案，因地制宜是其最主要的特征。适宜性技术既不主张依赖高技术，也不主张只采用低技术，而是符合现实需要和实际情况，结合当地的建造方式，选取适宜的、有效的、适度的技术。

3.发展性

绿色建筑技术体现的是“效率”“节约”“优化”，因此，随着时间的推移，新的生产要素的应用，生产工具和方法的进步，绿色建筑技术将不断发展变化。绿色建筑技术是一个不断发展的领域，不管是节地技术、节能技术、节水技术、节材技术、室内外环境保护技术还是运营技术，其改善建筑和环境的性能将会不断提升，但其高效利用能源资源，尽可能少地影响环境的初衷不会改变。

三、绿色建筑设计的流程

一个绿色建筑项目经历的设计流程与普通的建筑项目一样，包括前期策划阶段、方案设计阶段、扩初设计阶段、施工图设计阶段。不同的是，设计的整个流程均以绿色建筑的理念和目标作为指导，从策划阶段即深入、全面地考虑绿色建筑设计技术策略的选择。设计团队的成员应在各自相应的时间参与到设计团队之中，并完成各阶段应形成的绿色建筑设计成果。

1.项目设计参与成员及职责

绿色建筑设计参与成员众多，除了普通项目的参与者之外，有时还需要增加绿色建筑咨询顾问、绿色建筑专项技术厂家等。这些设计成员组成一个项目设计团队，在不同的设计阶段有不同的人员参与到设计团队中，在充分理解绿色建筑目标的基础上协调工作，确保项目目标的完整实现。

2.项目设计流程

在前期策划阶段需求组建绿色建筑设计团队，召开绿色建筑启动会，进行绿色建筑理念宣讲，绿色建筑可行性分析研讨会：分析场地性质、地区气候资源、周边交通、服务设施等因素，探究适宜技术、增量成本。参与人员包括：甲方、绿色建筑咨询顾问、建筑师、规划师、造价评估师、环境评估工程师。

在方案设计阶段需要召开绿色建筑设计方案研讨会，下发各专业的设计要求、绿色建筑方案设计、审核设计指标（并反复优化），完成绿色建筑设计方案，报建方案。参与人员包括：甲方、绿色建筑咨询顾问、建筑师、给排水、暖通、电气工程师、室内设计、景观设计、结构设计、模拟分析师、造价评估师。

扩初设计阶段需要召开技术深化落实设计研讨会，进行扩初设计，审核设计图纸，对所设计的室外风环境、室内自然采光、室内自然通风、建筑综合能耗（优化设计）等设计图纸进行计算机模拟。参与人员包括：甲方、绿色建筑咨询顾问、建筑师、给排水、暖通、电气工程师、室内设计、景观设计、结构设计、专项技术厂家、设备供应商、模拟分析师、造价评估师。

之后对绿色建筑设计继续深化，完成绿色建筑施工图，审核施工图，如参数有变化，则再次进行相应的计算机模拟，绿色建筑施工图出图，校对，审核，会签。参与人员包括：甲方、总承建商、绿色建筑咨询顾问、建筑师、给排水、暖通、电气工程师、室内设计、景观设计、结构设计、专项技术厂家、模拟分析师、造价评估师。在施工及验收阶段要进行施工图交底，绿色施工培训，施工，调试，竣工验收。参与人员包括：甲方、总承建商、分包商、绿色建筑咨询顾问、建筑师、结构设计师、给排水、暖通、电气工程师、室内设计、景观设计、监理、调试工程师、设备供应商、专项技术厂家、造价评估师。

四、绿色建筑技术体系

绿色建筑的重要目标是最大限度地利用资源，最小限度地破坏环境，创造与自然和谐共生的建筑。按照绿色建筑与环境、资源的关系，可以将绿色建筑技术体系分为以下几个分系统：（1）节地与室外环境技术，包含绿色建筑的外围护界面之外，对建筑产生影响的自然环境和人工环境的总和。如规划选址、交通、节地、景观、建筑场地物理环境等；（2）节能与能源利用技术，包括建筑节能与可再生能源、新能源的应用等；（3）节水与水资源利用技术，包括建筑节水、中水利用、雨水利用等；（4）节材与材料资源利用技术，包括建筑材料全生命周期的节约材料、节约能耗和环保；（5）室内环境调控技术，包含绿色建筑的室内热、光、声环境以及室内空气质量的调控与节能，旨在提高室内的舒适度，创造健康、适用、高效的室内空间。

1.节地与室外环境技术

绿色建筑的室外环境系统包括建筑外围护界面之外，对建筑产生直接或间接影响的自然环境和人工环境的总和。室外环境系统有宏观的城市规划的尺度、中观的城市设计尺度、微观的建筑场地物理环境以及节地技术。

（1）生态城市规划设计

"生态城市"是在联合国教科文组织发起的"人与生物圈计划（Man and the Biosphere Programme，简称MAB）"研究过程中提出的一个重要概念。生态城市是一个经济高度发达、社会繁荣昌盛、人民安居乐业、生态良性循环四者保持高度和谐，城市环境及人居环境清洁、优美、舒适、安全，失业率低、社会保障体系完善，高新技术占主导地位，技术与自然达到充分融合，最大限度地发挥人的创造力和生产力，有利于提高城市文明程度的稳定、协调、持续发展的人工复合生态统。进入21世纪，随着可持续发展战略的推行，生态文明理念的传播，我国的生态城市建设方兴未艾。自1996年以来，中国推行了一系列建设生态城市的建设方案，带动了我国生态城市的发展进程。

绿色建筑与生态城市规划之间联系密切，互为依存。生态规划是绿色建筑发展的指导原则与前提依据。绿色建筑是生态规划在城市中实施的重要载体。绿色建筑规划涉及的阶段包括城市规划阶段和场地规划阶段。在城市规划阶段要为绿色建筑的选址、规模容量提供依据，并随着城市规划的总体规划、详细规划及城市设计的不断深入，具体落实到绿色建筑的场地中。绿色建筑的场地规划是在城市规划的指标控制下进行设计，是单栋绿色建筑的设计前提。

生态城市规划的主要任务是系统地确定城市性质、规模和空间组织形态，统筹安排城市各项建设用地，科学地配置与高效分配城市所需的资源总量，通过各项基础设施的建设达到高效的城市运行和降低城市运行费用的目标，解决好城市的安全健康，保障符合宜居城市要求的生态系统关系以及生态系统格局的稳定与完整存在，处理好远期发展与近期建设的关系，支持政府科学的政策制定和宏观调控管理，指导城市合理发展，实现城市的和谐、高效、持续发展。生态规划在现有的城市规划编制体系中落实，最终控制绿色建筑的实施。

对于绿色建筑的场地生态体系设计应注重土地的集约使用，即高效利用土地，在空间上形成人与自然交错存在的布局、尺度、功能组织与相互关系。建立保障生态功能的植物体系、湿地水系统等生态景观体系；完成具有适宜生境的植物群落和景观功能植物体系。场地生态技术包括场地可再生能源技术、可再生水资源技术、环境材料技术等。此外还应加强对场地污染的控制。而场地的文态体系设计包括保护与利用场地中具有历史文化的要素。生态交通体系设计包括高效的交通体系和生态道路设施的设计。生态基础设施应发挥绿地、水体、土壤等自然要素的净化功能。

（2）室外环境调控与节地技术

绿色建筑规划布局设计与节地技术应用，需要综合考虑和密切结合地域气候条件和建筑场地环境，包括日照环境、热环境、声环境、空气环境、动植物环境、人工环境等。具体对策体现在建筑选址与场地安全、场地原生态保护与生态恢复、污染处理、总体规划布局、交通组织、绿化配置、透水铺装、场地光环境等方面。

a）气候与建筑

气候是大气物理特征的长期平均状态，与天气不同，它具有稳定性。人类文明在很大程度上依赖于近万年以来相对稳定的气候状况。建筑的本原是人类为了抵御自然气候的严酷而建造的“遮蔽所”（Shelter）——防风避雨、防寒避暑，使室内的微气候（Micro Climate）适合人类的生存，同时也有防卫的功能。因此，长期以来在气候的影响下，形成了建筑多种多样的地域特征（图2-4～图2-6）。建筑环境气候是进行有效的建筑室外和室内环境调控的重要影响因素之一，需要充分地了解气候变化的规律和特征。

图2-4　西双版纳建筑

图2-5　草原蒙古包

图2-6　西塘民居

由于气候的稳定性及其对建筑的特定影响，我们将不同地域的气候特征进行归纳，形成气候分区。我国气候有三大特点：显著的季风特色，明显的大陆性气候和多样的气候类型。《民用建筑设计通则》（GB 50352-2005）将中国划分为了7个主气候区，20个子气候区，《民用建筑热工设计规范》（GB 50176-2016）对不同气候区的建筑提出了设计原则要求。

b）城市气候特点

城市气候既有大气候因素的作用，也有城市化之后人类活动产生的影响。例如：城市直接辐射与总辐射比郊区少；城市气温比郊区高，并易形成热岛。城市风速比郊区小，风向不稳定；城市空气多湍流运动，有热岛环流和城市风。城市蒸散量和湿度比郊区小。城市云量比郊区多，尤其是低云；城市雾比郊区多，还有光化学烟雾。城市降水比郊区多，尤其是对流性降水。

c）土地利用

面对我国人多地少、土地资源紧缺的基本国情，节约集约、合理利用土地资源是绿色建筑发展中与节能、节水、节材同等重要的内容。土地利用的合理性重点表现在：地上地下空间开发利用强度的合理控制；良好的日照、风环境、声环境、光环境、热环境、绿化环境、便捷的交通和配套服务设施、对场地雨水的规划利用。在土地利用强度控制方面，对居住建筑、绿化建筑以人均居住用地指标作为评价指标，对公共建筑以容积率作为评价指标；对于日照、通风、声光热环境可进行计算机模拟，以优化绿色建筑的设计。

d）建筑选址与场地安全

建筑选址是实现绿色建筑的第一步。选址之前需要全面调查和收集与建筑场地综合环境相关的自然和人文要素的信息数据、并进行整理分析。如建筑所在区域的气候条件、建筑区位条件、交通条件、城市文脉、场地地质和水文条件，场地地形、地貌、地物条件，场地安全条件、场地生态系统条件等。绿色建筑应选择在生态安全区域内建设，避免生态敏感区域，以保护场地生态系统，避免对周围环境造成影响。绿色建筑鼓励选择修复后的棕地进行建设。建设前应先对棕地进行整治，然后对释放出的土地进行建设。

绿色建筑的选址应充分利用并保护场地周边的自然条件，保留和利用地形、地貌、植被和自然水系，保持历史文化与景观的连续性，应保护场地的生态完整和生物多样性，尽量减少暴雨时场地的水土流失及其他因建筑行为而造成的灾害，尽量增大绿地面积，减少热岛效应。

北京动物园水禽馆（图2–7）是一座与环境融为一体的微能耗建筑，消隐在生态景观多样化的水禽岛之中，也是供热带和亚热带水禽栖息和科普展陈的复合型展馆。水禽馆的设计过程遵循了从规划布局，到建筑设计，再到细部设计层面的逐层深化细化的顺序，并在不断强调建筑在环境中的“消隐”。这种“消隐”不仅体现在建筑视觉的层面，更体现在对场地环境与生态系统干扰破坏的最小化。建筑的外墙根据周边环境形成高低变化的折板形式，配合鸟舍区为促进热压通风而设计的两组覆斗状的拔高风塔，形成高低错落的形式，契合水禽岛上乔灌相间的景观特征。

（a）水禽馆外景

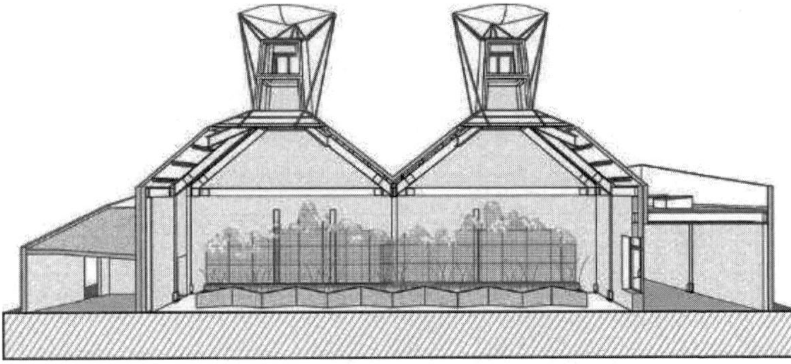

（b）水禽馆剖面

图2-7　北京动物园水禽馆（摄影：夏至）

e）场地总体规划布局与场地环境

场地总体规划布局应充分利用各种有利的、提高生态效益的自然环境条件，如地域气候条件、日照环境、热环境、风环境、地形条件、水文地质条件等，减少不利环境因素的负面影响。为提高场地热环境舒适度，降低城市“热岛效应”，改善微气候，可以采取如下政策：通过整体规划布局，有效组织自然通风，降低环境温度；采用透水地面代替硬质表面，改善城市下垫面；利用绿化植被和景观水体形成对场地环境的冷却效应；采用遮掩措施或者高反射率的浅色涂料，降低屋面、地面、外墙的表面温度，建筑外皮将少使用大面积玻璃幕墙。

场地风场的形成与规划布局密切相关，设计的总目标是在冬季抑制环境风速，在夏季组织效果良好的自然通风。为达到冬季防风的目的，规划布局应注意建筑物主要朝向宜避开冬季主导风向，也可在不利风向一侧种植防风林达到防风效果；注意避免高层建筑群中产生的局部高速风流与冬季主导风向一致；将建筑物布置成围合或者半围合的组团；充分利用风影区来布置建筑，以减弱寒冷气流对后排建筑的不利影响。而在夏热冬冷或者夏热冬暖地区，应注意组织室外的自然通风，将主要风流引导到建筑群中，并避免在场地中出现旋涡和死角，尽可能降低风影区的不利影响，保持风道畅通。合理利用小气候的影响布置建筑物，避免形成封闭的围合空间。在设计的过程中，可以通过风洞物理模型试验方法和计算流体力学的数值模拟（CFD）方法对于风场进行研究，从而优化和调整建筑规划布局。

绿色建筑的声环境应满足《声环境质量标准》（GB 3096-2008）、《建筑施工场界环境噪声排放标准》（GB 12523—2011）等相关规范的规定。居住建筑不应布置在临近交通干道等强声源位置。可以将对噪声不敏感的建筑如超市、餐饮、娱乐等排列在外围形成周边式声屏障，或设置绿化带、景观墙等隔声设施，改善小区内声环境。设计时可利用噪声模拟软件对区域进行整体模拟，进行声压级分析。并可通过技术措施加强建筑自身的隔声能力。

场地交通组织包括场地出入口的设置、人车分流、停车和地下车库、慢行交通系统（如自行车道、步行道）等内容。考虑绿色交通设施的充电、充气站点。注意道路及停车场采用透水地面。

f）场地绿化配置

注意采用乔木灌木和草坪结合的复层绿化。群落配置考虑物种的生态位特征，形成结构合理，功能健全、种群稳定的复层群落结构。植物物种应选择适应当地气候和土壤条件的乡土植物。采用多种绿化形式，使得建筑室内外形成多样、完整的绿化系统，并通过绿化系统的合理配置改善场地热环境。

2.节能与能源利用技术

节能即在建筑全生命周期内节约能耗、提高能源利用率。在能源利用上尽可能减少或避免使用不可再生能源，探求充分利用太阳能、风能、生物质能、水能、地热能等各种可再生能源的方法和技术。

绿色建筑技术策略提倡综合考虑被动式节能技术（建筑本体）和主动式节能技术（用能设备）。被动式节能技术包括围护结构节能、自然通风优化设计、自然采光优化设计等。主动式节能技术包括合理选择系统形式、提高设备与系统效率、优化系统的控制策略等。

（1）节能技术

a）建筑围护结构节能

建筑围护结构及设施用来保护人类免受自然界恶劣的环境气候威胁，性能良好的建筑围护结构可以更好地满足建筑保温、隔热、透光、通风等各种要求，达到维持良好的室内物理环境、降低建筑采暖和空调能耗的目的，是实现建筑节能的基础和前提。围护结构和设施主要涉及外墙保温与隔热、屋面和楼地面保温与隔热、外窗和玻璃幕墙节能、遮阳设施等。

建筑外墙的保温与隔热设计应在建筑合理规划的基础上，选择合适的朝向，进行有助于节能的开窗、造型、构造、材料与外表颜色等设计。

屋面的保温主要是为了减少冬季室内采暖耗热量，而屋面隔热是为了降低夏季的空调能耗。节能保温屋面、种植屋面、蓄水屋面、通风屋面或组合节能屋面等都是屋面节能的形式。对于保温屋面来说，要合理选择屋面的保温材料，采用合理的构造，并且保温层的厚度应当经过节能计算。种植屋面（图2–8）比普通的屋面构造复杂，在设计中需要考虑增加的荷载和屋面防水。

图2–8　龙湖超低能耗建筑主题馆种植屋面（摄影：夏至）

b）遮阳系统

建筑遮阳是用来遮挡阳光的设施，它可以避免在夏季建筑室内吸收过多太阳辐射热而造成室内过热，降低制冷能耗。遮阳还可以防止由于太阳光直接照射造成强烈眩光，避免阳光直接通过玻璃进入室内，阻挡对人体健康不利的光线进入。遮阳主要针对暴露在太阳辐射下的建筑外门窗外墙（特别是透明墙体）、屋面等外围护结构设置。一般在室温超过23.5 ℃时应考虑设置遮阳，遮阳的类型及遮蔽角度应依方位、太阳高度等因素而定，并参考玻璃的遮阳系数及构造、种类等选定材料。

建筑遮阳设计的相关因素涉及室内热环境与节能、室内光环境、视觉通透性、对自然通风的影响等方面。建筑低技术层级遮阳主要有绿化植被遮阳、建筑形体构建自遮阳、固定外遮阳设施，室内帘幕遮阳等方式。中等技术层级的建筑遮阳主要是指采用可人工调节（包括手动调节和人工控制的电动调节）的遮阳设施（遮阳板，遮阳百叶，遮阳帘幕等），或选择型透光材料遮阳，例如遮阳型镀low-E膜玻璃、光电玻璃等，或采用能将太阳光沿入射方向反射回去的太阳光回复与偏转系统、可调节遮阳叶片等。高技术层级的建筑遮阳设置可以根据外界太阳光入射角度、照度的变化以及室内对太阳光的需求，由计算机自动控制调整遮阳效果，满足室内舒适照度、舒适热环境和高效节能环保等方面需求的智能化遮阳系统。

建筑外遮阳形式多样，基本的形式有水平式遮阳（图2–9）、垂直式遮阳、挡板式遮阳、综合式遮阳（图2–10），除此以外还有形式可变的遮阳和多功能的遮阳。水平式的遮阳用于遮挡太阳高度角较大的入射阳光，适用于主要建筑朝向的遮阳。垂直遮阳用于遮挡早晚时段从窗口两侧斜射过来的太阳高度角较低的入射光，适用于主要建筑朝向偏东、偏西方向，也可用于东西向遮阳。挡板式遮阳用于遮挡太阳高度角较小的、正对窗口的入射阳光，适用于东西向遮阳或在功能上需要避开直射阳光的遮阳。这类遮阳对阳光的遮挡效率最高，可采用遮阳板、遮阳百叶、遮阳帘幕等。综合式遮阳则综合了水平式和垂直式两种遮阳的特点，例如深凹窗组合就是典型的综合式遮阳。形式可变的遮阳是指根据室内外环境和需求的变化，通过调节使不同类型的遮阳互相转化。多功能遮阳指遮阳构件和通风、太阳能收集等结合成为多功能的遮阳构件。其中，固定外遮阳的采用比较普遍，外遮阳的材料有传统的混凝土、木材、织物以及植物，也有轻质金属、合金、玻璃、膜材等。

图2-9　北京旭辉示范项目（摄影：陈溯）

图2-10　北京新保利大厦

龙湖超低能耗建筑主题馆是超低能耗的示范建筑，该建筑位于河北高碑店一个展示可持续技术和理念的景观公园中。该建筑的功能是被动房展厅，并获得了以具有世界最严苛标准而著称的德国被动房中心（the Passive House Institute，PHI）的被动房认证。建筑南侧利用全玻璃幕墙（图2-11）在冬季最大可能地收集太阳的辐射热，夏季则借助联动百叶防热（图2-11、图2-13）。建筑在入口檐下也采用了遮阳设计（图2-12）。

图2-11　龙湖超低能耗建筑主题馆玻璃幕墙及遮阳（摄影：夏至）

图2-12　龙湖超低能耗建筑主题馆入口檐下遮阳系统（摄影：夏至）

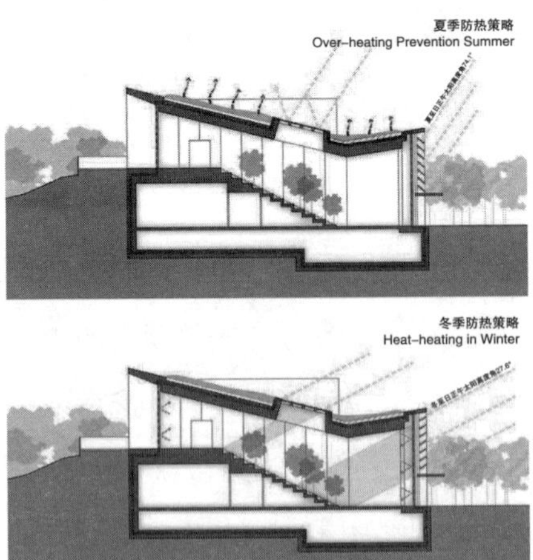

图2-13　龙湖超低能耗建筑主题馆南立面联动百叶示意（来源：素朴建筑工作室）

c）绿色建筑设备系统节能

绿色建筑设备系统的优劣是实现建筑节能的重要部分，包括空调设备、照明设备、卫生设备和输送设备的系统节能。建筑暖通空调节能要求合理选择系统形式，提高采暖空调设备及系统的效率、优化系统控制策略。系统的选定应参考建筑物使用性质、活动情形及规模大小，充分了解各种空调系统的特性，作为系统评价的依据，并以初期投资设备费、常年营运费，系统占用空间面积，耐用年数、折旧率、维护管理费用等综合评价，且必须与建筑设计同时配合考虑，才能获得理想的效果。空调系统应依据建筑物使用性质、热负荷形态实施分区送风，并按使用时间、建筑物方位及空间特性等加以区划，采用局部空调，如负荷分区、高度分区、方位分区及时间分区等，并适当加设窗际区，使室内温度梯度降低，减少外围区与内部区的温度混合损失。建筑电气与采光照明节能应优先考虑天然采光（图2-14、2-15）。照明用电约占建筑总用电量的30%～35%。运用日光照明可有效节约能源。采用日光照明，除可节省照明电力外，尚可减少因灯具使用所产生的空调负荷。在照明设计中依空间使用目的，合理调整照明方式与适度照度，采用局部照明，并提高照明设备与能源使用效率。其中以直接照明的效率最佳，消耗电力约为间接照明的1/2。另外，采用高反射性的内装材料、加强管理及维护工作也可降低能耗。

图2-14　龙湖超低能耗建筑主题馆屋顶天窗采光（摄影：夏至）

图2-15　中国石油大厦中庭自然采光（来源：素朴建筑工作室）

（2）可再生能源与新能源应用技术

近年来，可再生能源在世界范围内得到迅速发展，可再生能源已成为实现能源多样化、应对气候变化和实现可持续发展的重要替代能源。可再生能源包括太阳能、风能、生物质能、浅层地热能、水能等以及多种可再生能源的综合利用。

a）太阳能利用

太阳能是太阳内部连续不断的核聚变反应过程产生的能量。它一般以阳光照射到地面的辐射总量来计量，包括太阳直接辐射和天空散射辐射的总和。太阳能作为一种天然的可再生能源，具有常规能源所无法比拟的优点，如储能巨大、清洁能源、其应用不受地域所限等。太阳能的利用主要分为两大类，即太阳能热利用和太阳能发电。目前太阳能热利用主要形式为太阳能热水器，发电则以太阳能光伏发电为主。太阳能光伏发电系统一般可分为独立运行系统及并网运行系统两大类。独立运行系统指的是与当地电力系统不发生任何关系的闭合系统，可用作便携电源，目前这种系统的市场前景较好，在一些边远的山区，这种光伏系统也是发电的较好方式。并网运行系统实质是太阳光伏发电后，用电网输送到电站，和其他的电站一样，可为整个电力系统提供电能（图2–16）。

图2–16　太阳能光伏板停车棚

按照是否采用机电设备，太阳能利用方式可以分为“被动式”和“主动式”两种。被动式利用太阳能表现在建筑朝向的选择（图

2-17）、利用太阳能的双层墙（图2-18）、太阳房、中庭等。主动式利用太阳能主要关注太阳能设备和建筑一体化的问题，如太阳能集热技术（太阳能热水器）建筑一体化、太阳能光伏技术建筑一体化等。在建筑中利用太阳能，应鼓励优先采用被动式的方法。此外，建筑光伏一体化适宜在缺乏供电基础设施且太阳能资源丰富的边远地区和建筑密度低的农村推广。

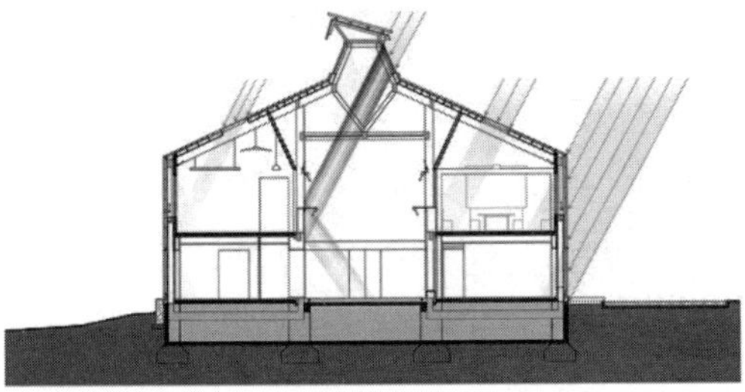

图2-17　贵安清控人居科技示范楼采光设计（来源：素朴建筑工作室）

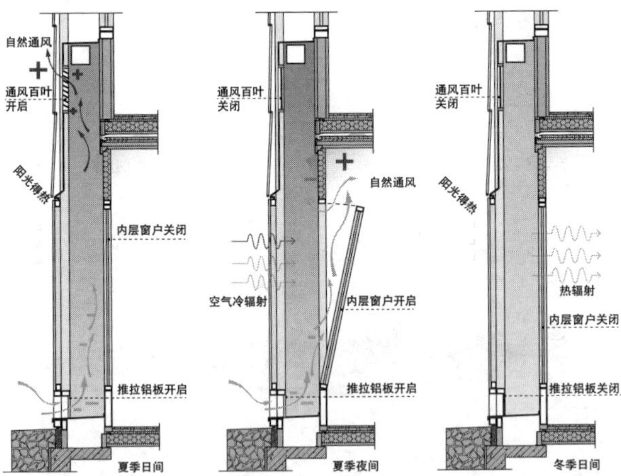

图2-18　贵安清控人居科技示范楼双层呼吸幕墙（来源：素朴建筑工作室）

b）风能利用

风能就是空气的动能，由太阳辐射能转化而来，其大小决定于风速和空气的密度。风电是一种清洁、可再生、蕴藏巨大、分布广泛、运行成本低廉的高效绿色能源。由于风能分布广泛且没有燃料问题，便于就地开发利用，特别适合边远山区、草原（图2-19）和海疆等主电网难以达到的地方。

图2-19　草原风力发电

风力发电系统主要有两类，一类独立运行供电系统，即在电网未通达的偏远地区，如高山、草原和海岛等。另一类是作为常规电网的电源，并网运行。商业化的机组既可以单独并网，也可以由多台，甚至成百上千台组成风力发电场（wind power plant），简称风电场。在建筑设计中采用风力发电系统，需要了解建筑所在区域的风力资源情况，同时还要考虑设备噪声问题，采用“静音”型产品。风力发电的最大问题是其不稳定性，解决这个问题可以采取的方式有：与电网相连（电网实际充当了巨大的蓄电池）；采用大型蓄电池；采用“风力-光伏”互补系统；采用“风力-柴油机”互补系统。

c）生物质能利用

生物质能是蕴藏在生物质中的能量，是绿色植物通过叶绿素将太阳能转化为化学能而储存在生物质内的能量，通常包括木材、森林废弃物、农业废弃物、水生植物、油料植物、城市和工业有机废弃物、动物粪便等。生物质能可以使本国燃料利用多样化，减少对一种能源的依赖；是一种相对清洁的能源，用生物质代替矿物燃料是减少CO_2排放的理想方式；生物质资源分布广泛，到处可以获得，是能源分散供给体系的一种极佳能源。生物质的化学转化技术根据生物能源的形态可分为气化、液化和固化技术。

根据目前我国生物质能利用技术状况，生物质能利用重点是生物质发电、沼气和生物质液体燃料等。生物质发电主要有农林废弃物发电、垃圾发电和沼气发电。在资源丰富地区，建设区域型的兆瓦级的以秸秆、稻壳、蔗渣、灌木林和木材废弃物为原料的生物质发电厂；在经济较发达、土地资源稀缺地区建设垃圾焚烧发电厂；在规模化畜禽养殖场、工业废水处理和城市污水处理厂建设沼气工程，合理配套安装沼气发电设施等。

d）浅层地热能利用

地热能是来自地球深处的可再生热能。它来源于地球的熔融岩浆和放射性物质的衰变。在有些地方，热能随自然涌出的热蒸汽和水而到达地面，这种热能的储量相当大。通过钻井，这些热能可以从地下的储层引入水池、房间、温室和发电站。地热具有随时随地可以使用、不受气候及季节的限制，可靠性很高，取之不竭，开采设备占地很小等优点，且主要部分在地下。

地源热泵是一种利用地球表面土壤、浅层水源（如地下水、河流和湖泊）或者人工再生水源（工业废水、地热尾水等）的既可供热又可制冷的高效节能空调系统。以地源为低温热源的热泵系统完全不受环境温度的制约（图2-20）。

图2-20　地源热泵示意（来源：枫叶能源网）

水源热泵是利用了地球表面或浅层水源作为冷热源进行能量转换的供暖空调系统。水源水经过热泵机组后进行热量交换。地球表面或浅层水源的温度冬季比环境空气温度高，夏季比环境空气温度低，是很好的热泵热源和空调冷源。

e）水能利用

广义的水能资源包括河流水能、潮汐水能、波浪能、海流能等能量资源；狭义的水能资源指河流的水能资源，是常规能源、一次能源，也是人们目前最易开发和利用的比较成熟的水能。潮汐能、波浪能是具有巨大利用潜力的海洋能源，相比于太阳能、风能等间歇性能源，海洋能源在能量连续稳定提供方面更具优越性（图2-21）。

图2-21　潮汐能发电（来源：百度图片）

3.节水与水资源利用技术

绿色建筑水系统主要由自来水供给系统、建筑污废水排放系统、雨水收集利用与排放系统、再生水回用系统、景观水体系统等组成，在一些高档建筑中供水系统还包括直饮水供水系统、地下水或地表水的引水及供水系统等。建筑节水技术包括6方面：给水系统节水、热水系统节水、循环水系统节水、绿化灌溉系统节水、节水器具和供水漏损控制。

中水通常指再生水，是废水或雨水经适当处理后，达到一定的水质指标，满足某种使用要求，可以进行有益使用的水。中水水源一般分为两类：优质杂排水和含有粪便污水的生活污水（或杂排水）。按照“高质高用、低质低用，生活用水、景观用水和绿化用水等不同水质要求分梯级处理回用”的原则，在绿色建筑中推行中水回用技术和污水资源化利用战略，有助于建筑水资源的良性循环。中水回用主要应用于环境景观用水、消防、绿化、道路清扫、冲厕、建筑施工等方面。

雨水作为一种自然资源，污染轻，一般经简单处理后便可用于生活杂用、工业生产、消防、园林绿化、景观用水、车辆冲洗等。在建筑区内，采用人工湖或人工河流、池塘等收集、积蓄一定数量的雨水，可以作为再生水回用的良好水源，同时又是消防用水的另一个备用水源。屋面雨水的清洁度比较高，在回用中应予以优先考虑。这就要求屋面雨水的排水设计有别于传统的落水管直接排至下水道的设计方式，对建筑雨水管道的设计应予以改进，使落水管以适当方式向建筑物外继续延伸，室外雨水口和雨水管渠的设计也应考虑对雨水的收集，通过储存净化后利用。在降雨量较大时，雨水通过溢流超越外排至附近水体或城市雨水管道系统，最终排放至水体（图2-22）。根据技术措施和用途的不同，雨水利用可以分为雨水直接利用（回用）、间接利用（渗透）、综合利用等几类。对一些采用雨水内排水的大型建筑，最好在建筑设计时就考虑处理好建筑与雨水收集利用的关系，避免后期改造的困难。

图2-22　清华大学胜因院雨水花园景观

总之，绿色建筑旨在综合使用各种节水技术、生态技术与管理理念，实行低质低用高质高用的用水标准，综合规划用水方案，合理设计给排水系统、污水系统、雨水系统等，最大限度地高效利用水资源，减少水资源消耗量与污废水排放量，实现用水的良性循环。

4.节材与材料资源利用技术

材料资源的合理利用及再利用是绿色建筑评价的重要内容。为促进资源节约和环境保护，应推广使用符合国家和地方政策法规标准的建筑材料，强制淘汰不符合节能、节地、节水、节材和环境保护的建筑材料，明确要求不得采用国家和地方建设主管部门禁止和限制使用的建筑材料及制品。

绿色建筑材料系统及技术涉及建筑材料的生产制造、建筑规划设计、建筑施工与安装、建筑装修、建筑运营使用及维护、建筑物拆除后废弃物的重复使用与资源再生利用等建筑全生命周期的节约材料、节约能耗和环保。绿色建材按照功能可以分为：承重结构材料、围护结构材料、装修工程材料、机电和管道部品材料。按照材料性能，可分为环保型、节能型、循环型、健康型绿色建材四类。

绿色建筑应采用健康安全的建筑材料，其选择要达到国家标准对有害物及放射性核素限量的要求，首先，建筑室内装饰装修材料中所含甲醛、挥发性有机物（Volatile Organic Compounds，VOC）、苯、甲苯和二甲苯以及游离甲苯二异氰酸酯等有害物质限量达标，且室内建筑材料与制品的放射性在安全剂量范围内。建筑主体材料以及外装修材料符合相关行业标准和国家标准要求。混凝土外加剂也应符合《混凝土外加剂中释放氨的限量》（GB 18588−2001）标准的要求。

绿色建筑应采用节能环保型的建筑材料。在建筑承重结构材料中，可采用预拌混凝土，减少现场拌制更大的消耗；采用商品砂浆，比现场搅拌砂浆可明显节省材料，而且性能更稳定、质量更好；使用预制钢筋制品，提高建筑钢筋的专业化、工厂化加工程度、实现钢筋制品的商品化配送。在建筑维护结构材料中，绿色建筑可选用加气混凝土砌块与条板、压蒸纤维增强水泥板与硅酸钙板、压蒸灰砂砌块和砖、利用水泥以外的胶凝材料制造的墙体材料，如纸面石膏板、纤维石膏板、石膏砌块、硅镁条板；利用无石棉纤维水泥板代替石棉水泥板等。另外，为达到建筑节能要求，低容重的块砖或板状墙体材料需要与高效热绝缘材料相复合，组构成外保温、内保温、夹心等复合墙体，例如混凝土岩棉复合外墙板，彩色压型钢板聚苯乙烯复合墙板，钢丝网架水泥夹芯板等。

采用高性能建筑结构材料有利于提高建筑耐久性、节约资源增加建筑空间和面积，是绿色建筑节材的重要对策之一。高性能建筑结构材料主要有高强度钢筋、高强高性能混凝土、高强度钢等，其推广应用是建筑节材的重要途径。

我国是世界上地震灾害最严重的国家之一，规则的建筑形体相对不规则的建筑形体结构用材量较少，资源相对节约，选择相对规则的建筑形体可以达到节材的目的。建筑材料用量中大部分为结构材料，绿色建筑设计要对地基基础、结构体系、结构构件设计进行优化论证，使得资源消耗量、能源消耗量及碳排放量相对减少。国家鼓励采用钢结构体系、木结构体系、预制结构体系等；符合一定条件时，鼓励采用消能减震等新技术新工艺；在满足建筑功能的情况下，合理减轻建筑物自重，达到节约资源和环境保护的目的。

钢结构具有强度高自重轻、施工快、生态环境干扰小等优点。建筑使用终结后，钢结构材料部件可重复使用。废弃钢材可回收利用，资源化再生程度可达90%以上，有利于节约资源和保护环境。我国应积极发展和完善钢结构及其围护结构体系的关键技术，提高钢结构建筑的比例建立钢结构建筑部件产业，促进钢结构建筑的产业发展。钢结构体系主要应用于高层与大跨度建筑。但近年来也有轻钢结构应用于大量性低层，多层建筑方面的研究与实践（图2-23）。木结构体系具有很多优势，如木材易再生，是一种可持续的建材。尤其一些速生林再生周期短，可以通过林产管理实现种植与利用的平衡，达到良性循环。再如木材是一种绿色环保的建材，在其生产加工和使用过程中能耗低，环境污染小。采用木结构体系可以节约大量钢铁水泥等高耗能建材。再者，木结构重量轻、抗震性能好。木结构能适应多种气候环境，保温隔热效果好，能降低室内热环境调控的能耗。木结构便于现场加工和装配施工，对地基条件要求较低，施工周期短且维修方便。

图2-23　装配式钢结构别墅

发展绿色建筑应进行建筑工业化体系建设。建筑工业化是用大工业的生产方式，将不同类型的房屋作为工业产品，采用统一的结构形式和成套的标准构配件，应用先进、适用的技术、工艺和装备，按专业分工，集中在工厂进行批量生产，然后在现场进行机械化施工安装的建筑建造方式。其基本途径为建筑标准化、构配件生产工厂化、施工机械化和组织管理科学化。与传统现场施工相比，建筑工业化可以节材、节水、节能，减少施工噪声污染、空气污染和废弃物排放量。通过不断应用新的科学技术，建筑工业化可以有效提高生产效率、施工进度，降低工程造价，提高建筑产品质量。

住宅产业化与建筑工业化密切相关，是指将住宅的研发、设计、生产装配、管理经营、保护修缮、改建再生等全寿命周期的活动纳入社会化大生产的系统范畴，利用建筑工业化加工和组装技术生产住宅建筑产品，实现高质量、长寿命、生态环保的居住环境，并将相关的前向联系和后向联系产业整合在系统中。实现住宅产业化的基本条件是：采用工业化的建造方式，且住宅用构件和部品大多实现了标准化、系列化。在建设中采用土建工程与装修工程一体化设计，即在土建设计时考虑装修设计需求，保证结果安全并减少材料消耗和建筑垃圾产生。建筑设计和装修设计师应考虑模数化设计，可以大大提高工业化效率和生产效率。减少施工废料，达到节约材料和人工的目的。

5.室内环境调控技术

室内环境质量以健康和适用为主要目标，它作为绿色建筑设计评价指标体系五类评价指标的组成部分之一，主要考察室内声环境、光环境、热湿环境、空气品质等。由于室内环境质量涉及多个专业，如建筑、暖通、电气、声、光等，也受到室外环境、建筑围护结构性能、机电设备系统影响，因此室内环境部分的设计协调应引起足够重视。

（1）建筑室内热环境调控

热舒适是人对周围热环境所做的主观满意度评价。影响热舒适的因素主要有：环境物理因素、个体差异、活动状态和着装情况等。环境物理因素包括空气温度、湿度、空气流动、平均辐射温度等。通过自然通风组织，不仅可以使室内空气清新，满足人体卫生要求，而且可以改善热舒适条件、降低建筑表面的温度，带走建筑围护结构所储存的能量，达到降温的目的。建筑自然通风的组织设计需要综合利用室内外环境条件，诸如地域气候、太阳辐射强度、建筑外部场地环境、室内热源等。在建筑设计层面，可以对建筑的整体布局、外环境中的绿化配置、建筑形体与空间、建筑开口、建筑通风相关设施与构件等各方面进行优化设计，实现自然通风。

清华大学南区食堂及就业指导中心建筑的地上部分设公共中庭，

顶部7个蛋形天窗，为室内带来充沛的自然光，每个天窗顶部侧壁设通风口，以便三层通高中庭内夏季热压及风压通风。为中庭引入自然光影的同时，避免了夏季过热的问题（图2-24）。

(a) 中庭立体街道及天窗

(b) 西南侧实景

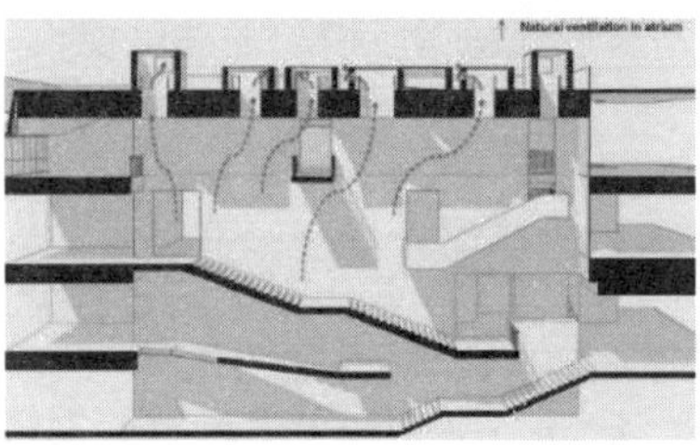

(c) 通风组织剖面

(d) 屋顶天采光及气流组织示意

图2-24　清华大学南区食堂及就业指导中心（来源：素朴建筑工作室）

在建筑室内热环境和光环境调控中都涉及建筑遮阳技术。关于遮阳技术可查看建筑节能部分围护结构节能中遮阳系统所介绍的内容，在此不再赘述。

（2）建筑室内光环境调控

室内照明质量和自然采光效果共同影响着室内光环境质量。良好的照明不但有利于提升人们的工作、学习效率，更有利于人们的身心健康，减少各种职业疾病。良好舒适的照明要求在参考平面上具有适当的照度水平，避免眩光。各类民用建筑中的室内照度、统一眩光值、一般显色指数等指标要满足现行国家标准《建筑照明设计标准》（GB 50034-2013）。充足的自然采光也有利于降低人工照明能耗。建筑的地下空间和高大进深的地上空间由于物理的封闭，很容易出现天然光不足的情况。通过反光板、棱镜玻璃窗、天窗、下沉庭院等设计手法以及光导管等技术的采用，可以有效改善这些空间的自然采光效果。

（3）建筑室内声环境调控

室内噪声控制可重点通过控制场地内（建筑外）环境噪声，合理布局建筑平面、空间，提高围护构件的隔声、隔振性能，以及控制建筑内的噪声源等措施，实现主要功能房间的室内噪声级满足现行国家标准《民用建筑隔声设计规范》（GB 50118—2010）中的相关要求。在建筑设计中，将噪声敏感房间远离噪声源、从噪声源开始实施控制往往是最有效和经济的方法。主要功能房间的外墙、隔墙、楼板和门窗的隔声性能在满足现行国家标准要求的基础上宜有所提高，这样可对控制主要功能房间的室内噪声有显著效果。

（4）建筑室内空气品质调控

室内空气质量（Indoor Air Quality，IAQ）：一定时间和一定区域内，空气中所含有的各项检测物达到一个恒定不变的检测值。是用来指示环境健康和适宜居住的重要指标。室内空气品质不达标会引起病态建筑综合征、建筑相关疾病、多种化学污染物过敏症。室内空气的污染分为物理污染、化学污染、生物污染和放射性污染。物理污染即空气中的颗粒物、纤维材料等造成的污染。纤维材料的室内污染多来自隔音或保温材料，如石棉、玻璃纤维、纸浆等。化学污染是室内污染的主要因素，污染物质主要有挥发性的有机化合物（VOCs）和有害无机物。挥发性的有机化合物是低沸点的所有室内有机气态化合物的总称，是污染室内空气的重要有毒物质，包括酚类、苯类、烯等300种有机化合物，最主要的为甲醛、甲苯、二甲苯等芳香族化合物。VOCs主要来源于室内建材的散发，对人体健康的影响主要是刺激眼睛和呼吸道、造成皮肤过敏、使人产生头痛、咽痛、乏力等症状。无机物污染主要为氨气和有害燃烧产物。氨主要来自建筑施工中使用的混凝土外加剂，部分来自室内装饰材料。有害燃烧产物主要有CO_2、CO、NOX、SOX等。生物污染由有害微生物引起。如病毒、细菌、真菌。在适宜的温度、湿度和风速等物理条件下，室内微生物会繁衍、生长，建筑密闭性强增加了污染的严重性。放射性污染包括氡、电磁辐射以及粒子污染等。氡（Rn）是无色无味、非挥发的放射性惰性气体。是世界卫生组织（WHO）确认的主要环境致癌物之一，室内环境中的氡主要来源于建筑材料，房屋地基下和户外空气、家庭用水及用于取暖和厨房设备的天然气。研究表明，长期处于高电子辐射环境下，可能会造成儿童白血病、诱发癌症并加速人体的癌症细胞增殖，影响人的生殖系统，导致儿童智力残缺，影响人们的心血管系统和视觉系统。

室内空气品质调控方法与技术包括对建材和家具等化学污染物释放控制技术、生物生长抑制技术、微生物消除技术、围护结构内表面防霉技术、燃烧颗粒物控制技术、室内氡辐射控制技术、室内电磁辐射防护技术、通风技术、室内空气净化技术等。

五、绿色建筑技术的选择策略

绿色建筑设计体系中各种技术的选择策略大致分为被动式设计策略和主动式设计策略。被动式设计策略主要是指“前空调系统时代”中，建筑设计所采用的合适朝向、蓄热材料、遮阳装置、自然通风等策略的设计类型。这些策略更多的是被动接受或直接利用可再生能源，没有或者很少采用机械和动力设备。相对而言，主动式设计策略则主要涉及依赖于化石等不可再生能源而使用的空调和照明系统，也包括利用太阳能、风能等转换的电能的方式，以及依赖于辅助机械和动力设备的太阳热能利用设备。我们在选择的时候应采取“因地制宜”“被动优先，主动优化”的原则。

对于建筑设计来说，被动式设计策略涉及的建筑技术是绿色建筑建筑师创造性设计的源泉之一；各种先进的技术不宜盲目应用，建筑师与工程师团队须同步工作，分析其优劣及适宜性；建筑师应关注各种设备系统的建筑表现，并关注技术系统的模块化和整体化。从工作方法上绿色建筑设计不仅因为其技术含量高，需要建筑师与工程师团队形成一个科学共同体同步工作，还因为二者知识体系的碰撞，有利于从建筑概念设计阶段开始便进行各种深入的技术优化。首先，建筑师应了解各种被动式设计策略，并与工程师团队共同努力，将设计策略应用于优化设计概念。其中包括太阳能、风能、热能等能源的被动式利用，如采用合适朝向、蒸发散热、蓄热材料、集热蓄热墙（特隆布墙，Trombe Wall）、遮阳装置、烟囱效应、中庭、自然通风等被动式设计策略。依据德国慕尼黑工业大学格哈德·豪斯拉登（Gerhard Hausladen）教授的经验：“通过建筑师最优化的建筑概念，完全可以提供较之常规建筑节能80%的可能性。”其次，建筑师与工程师团队同步工作，进一步明确技术应用，以及需要到达何种程度，并对技术的局限性有一定认识，从而共同选定适宜技术体系。最后，建筑师须与工程师一起，为各种设备系统最终的建筑表现进行深入设计，包括必须采用的能源、电力和水源的供应、加热和制冷，所有的热传递、湿度通风控制和机械通风系统等，以及为这些系统从各种管道到散热格栅、扩散体等终端设备提供一个经过设计的建筑的表达。

绿色建筑的发展与进步，离不开主动式设计策略的进步，随着我国人民生活水平的日益提高，对于舒适度的要求也是水涨船高，主动式技术可以高效、精确地满足环境控制、能源耗费控制等各种涉及中国当前绿色建筑节能、节水、节材诸多方面的需求，并为室内环境健康舒适提供精密的保证。当然主动式技术也有造价不菲、维修维护成本较高，对人员使用素质要求较高，以及技术更新换代飞快的弊端。

客观而论，如果从经济和社会整体发展水平的角度分析，主动式技术更多地像是依据发达国家的绿色建筑标准量身定制的技术体系。而发达国家的特征是，要么国家很大，但是不同地区的发展水平均处于发达阶段，像美国、加拿大等；要么国家面积不大，仅仅相当于甚至远远小于中国的一个省域的面积，其自然气候条件呈现出相对匀质性的特点。像德国、挪威、丹麦等，对于这样的国家，绿色建筑的国家标准是可以忽视因地制宜这一重要原则的，是可以倡导使用主动式技术体系来达成节能减碳目标的。而中国国土面积辽阔，不同气候分区的自然因素差别较大，各个地区的经济社会发展水平参差不齐，这都使得因地制宜必须成为发展中国绿色建筑的重要原则。而且大规模采用高成本主动式技术，在当今中国有其不切实际的地方。这些都使得直接套用别国的经验不能真正确立中国本土化绿色建筑设计发展路径。

实际上，立足于中国自身的发展状况而言，中国绿色建筑发展最大的优势不在于依托如何发达的经济，依托如何发达的社会发展水平，以及如何向发达国家看齐。中国绿色建筑最大的优势在于中国建筑师拥有最深厚的地区建筑积淀，而因地制宜的地区建筑在长期的实践中积累了应对自然气候的地区材料运用和建造方式，积累了大量成功的被动式设计策略。因此，探索扎根本土，结合中国国情的绿色建筑被动式设计策略显现出重要意义。如果从绿色建筑设计的创作以及性能表现方面来说，被动式设计策略特色极为突出，与建筑师工作特点的契合度非常高，对工程师的节能等工作贡献也非常大。虽然很难要求被动式设计策略像主动式设计策略那样精确、高效，但是如果舒适度要求有一定弹性幅度，或者外界环境没有极端严苛，被动式设计策略在较大程度上可以满足人们的需求，进而削减甚至避免主动式技术的使用，直接能够达到减碳节能的目的。另外，被动式设计策略可以为主动式技术的高效利用提供一个良好的基础，即设备减量。而这种情况下，主动式技术尽管重要，也可以看成是被动式技术面对短时间、极端条件下的一个技术补偿措施。

第三章

怎么建：国内外绿色建筑的典型案例

第一节　美国环保办公楼：旧金山公共事业委员会新行政总部

美国旧金山公共事业委员会（Public Utilities Commission，PUC）新总部本来可能仅仅是一座普通的行政建筑，但在旧金山市政府以及KMD建筑师事务所、史蒂文斯（Stevens）及其合伙人建筑师事务所的共同努力下，这座建筑克服了诸多设计难题，现在已经被誉为最节能环保的城市办公建筑之一（图3-1、图3-2）。这座位于金门大街525号（525 Golden Gate）的总部已经接近“能源与环境设计先锋”（Leadership in Energy and Environmental Design，LEED）铂金级认证要求，它是旧金山地区在环保和经济层面上的一次重大而长期的投资，在其超过一百年的建筑使用寿命中，预计将节省高达37亿美元的开支。

图3-1　旧金山公共事业委员会新行政总部大楼外观

图3-2　旧金山公共事业委员会总部大楼夜景和日景

一、定义一个真正的“绿色”建筑

为了达到“LEED铂金级建筑”这一目标，金门大街525号项目的设计团队进行了大量的研究和探索，在不断地论证和修正中重新定义了“绿色”建筑的真正含义。“绿色”建筑到底是什么？“绿色设计”的概念仍然有点含混不清。在一个项目中的可持续性特点如果生搬硬套到另一个项目中可能是完全没用的。因此，这里的关键点是要和业主进行深入交流，从而确定对他们而言，绿色设计到底意味着什么。

对于旧金山公共事业委员会而言，这意味着建筑师必须着眼于建筑的全寿命周期，并对在这里工作的员工进行研究。他们来自哪里？他们住的地方离这里有多远？他们以什么方式来上班？旧金山公共事业委员会希望该建筑位于公共交通发达的区域，这样能最大限度地促使员工乘坐公共交通通勤。这个需求使得这座总部建筑必须建在密集的城市环境中（图3-3）。

图3-3 位于金门大街的旧金山公共事业委员会总部大楼及周边环境

此外，考虑到该委员会是一个公共事业机构，研究其产出的能源类型也是很重要的。为了在不增加非必要措施的前提下实现对可持续发展的追求，设计团队决定融合传统技术和新的技术，并基于此设计最环保的城市办公建筑。

虽然“绿色建筑”是金门大街525号项目的主要目标，但“绿色建筑设计”不仅节水、节能、节约成本，还对建筑的艺术效果有直接的积极影响。面对市政厅的外墙玻璃上的水平遮阳板不仅能够遮挡直射阳光、增强自然采光效果，它们还成为立面上的重要视觉元素（图3-4）。在建筑大堂，还通过可视化的方式来展示如何通过可持续设计的方法提高人们的生活品质（图3-5）。如何协调未来的技术与现存的建筑成了设计团队遇到的难题——在这个公共事业委员会项目中，如何与周边建筑保持和谐。

图3-4　水平遮阳板室内采光效果

图3-5　向公众展示“可持续性方法”的大堂

由于建筑毗邻市民中心，因此建筑对于城市的作用也是整个建筑设计的重要方面。建筑师在建筑设计的过程中尽可能与周边市民中心的文脉取得和谐与平衡，从而达到与周边建筑对话的目的（图3-6）。这座为政府机构提供工作场所的建筑物代表了效率，以及对其未来影响的详细规划。

图3-6　旧金山公共事业委员会新总部办公楼与周边建筑

二、太阳能和风能

旧金山拥有得天独厚的太阳能和风能。如果在建筑中尽可能利用这些自然能源，它们能为这座总部建筑提供高达7%的能源需求。光伏发电技术的有效性已获得证实（图3-7），在城市昼夜都不停歇的风也有可能给人们带来很多好处（图3-8）。

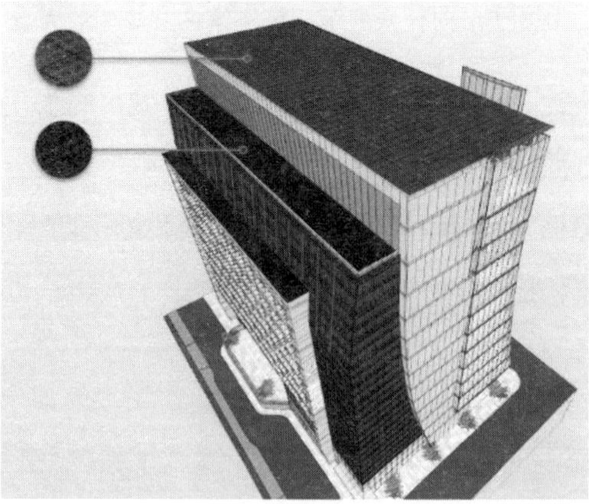

图3-7　屋顶太阳能光伏板应用

图3-8　风力涡轮机

项目的亮点还远不止于此。金门大街525号项目对建筑围护结构和建筑系统的相互作用关系进行了优化，从而使其比类似规模的办公楼能耗减少32%。立面上的反光板把光线引入到室内更深远的位置，而遮阳板则增强了室外景色和自然采光的视觉效果（图3-9）。自动百叶窗根据一天中太阳的高度调整角度，保障了舒适的室内空间和工作环境。建筑围护结构的设计使得开敞的办公空间能够进行自然通风。它是可以“呼吸”的。自然通风技术能够节省建筑51%的采暖、制冷以及通风能耗。

图3-9　立面采光示意

再者，利用风力驱动的“萤火虫（fire-fly）”是由塞瓦斯托波尔（Sebastopol）艺术家内德·康（Ned Kahn）设计的（图3-10），设计师解释说这个设计是为了“展示建筑中风的力量”。这仅仅是金门大街525号项目另一个能够彰显与其他办公建筑不同的地方，在这座建筑中光线的强弱变化、水和能量的流进流出都创造出自然的静谧之感。

图3-10　利用风力驱动的“萤火虫”

三、水资源利用与回收方式的改变

除了先进的能源产生系统，金门大街525号项目还配有雨水收集系统（图3-11），每年能存储多达25万加仑（约113.75万L）的水。这些收集到的雨水将用于外部系统。然而，最具创新性的水源来自“生物废水处理（Living Machine）”系统。这个系统被证实为各种创新性水资源技术的完美结合，同时其尺度也恰恰是本项目所需要的。

图3-11　“生物废水处理”系统

这使得金门大街525号项目可能成为美国第一栋自带废水和污水处理系统的建筑之一。

“生物废水处理”系统能够回收和处理废水，并进行除了饮用以外的再利用，满足建筑物低层的厕所和小便池的全部用水需求。“生物废水处理”系统每天能够处理5000加仑（约22750L）的废水，把人均用水量由12加仑降低到5加仑（约22.8L）。“生物废水处理”系统和其他节水措施协同配合，每年能够为旧金山公共事业委员会节约大概75万加仑（约341.3L）的水。总体来看，这座建筑将比其他类似大小的建筑减少60%的用水量。

四、创新结构系统

由于建筑位于接近主要地震带的加利福尼亚州旧金山市，如果建筑在强烈的地震中受损，那么重建这座建筑在经济和生态上都将产生巨大的花费。为了保障投资安全，团队设计了一个使用混凝土框架而不是钢材的后拉伸系统（Post tension Systems）——偏心框架（图3-12），使整个结构在地震中能够移动并吸收能量，就像一座悬索桥一样。这种创新材料的运用使建筑能够在地震中“自我修复”，这也使得金门大街525号项目成为旧金山最安全的建筑物之一。

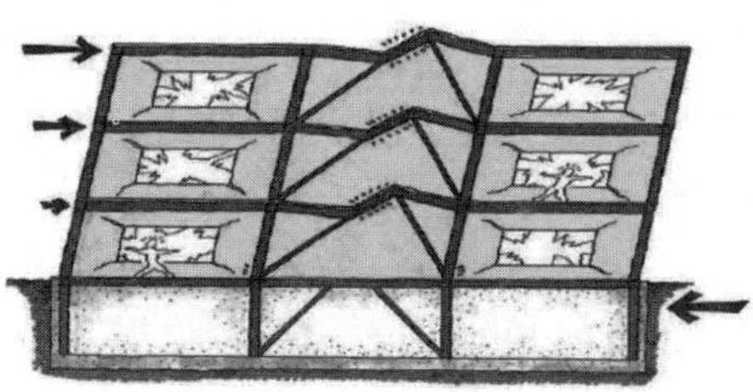

偏心支撑框架示意

图3-12　偏心框架示意

第二节　英国威尔士替代技术研发中心

多年前，位于英国威尔士马汉莱斯波伊斯郡（Machynlleth，Powys）的替代技术研发中心（Centre for Alternative Technology，CAT）就已经被指出，目前的设施和空间尚不具备满足其未来在扩充高等教育、大学学历深造和行业培训课程等方面需要的条件。

通过一个涉及全体工作人员的“情景规划”的开放、民主的进程，优化了替代技术研发中心的建筑外轮廓。设计围绕一系列庭院和露台开展，所有主要房间的进深都比较小，以便拥有良好的日照和通风；每间房间均有景观，作为联结自然和外部空间、内部庭院和远山的通道。

建筑的施工方法从CAT多年的生态建设经验发展而来，但也归功于飞速发展的“绿色”建筑领域的全新技术。由于预算有限，选择一种“标准化”的施工方式尤为重要，这也是CAT展示理念的精髓。

与CAT的其他建筑一样，威尔士可持续教育研究所（Wales Institute for Sustainable Education，WISE）的建筑设计也必须低碳环保，具有良好的保温和气密性；使用低温能建筑材料；利用良好的自然采光以最大限度地减少电力照明；使用热回收通风系统、低能耗的近阶开关传感器灯具、节水的卫浴设施；当然，还有可再生能源供应系统，如太阳能热水、太阳能光伏板以及来自新的热电联供厂（Combined

Heat and Power，CHP）的热能。

一、包容性设计

WISE的建筑设计试图通过空间的组织充分挖掘和展示场地潜在的自然优势（图3-13）。这就是为何在建筑中穿行时，步移景异，研发中心周边变幻无穷的丘陵和森林景致可以尽收眼底；同样，精心设计的采光、日照和不同角度的反射光，使人们能够意识到时间的流逝和天气的变化，也使每个空间都可以聆听自然界中风的摇曳和水的流动。

作为建筑体验的核心，我们希望人们可以享受其中的“流线组织”。空间流线的组织不仅应清晰可辨，仅需极少标识就具备清晰的引导性，而且要明亮轻盈，连接入口和大厅的楼梯尽可能简单明了，视线可直达阳光普照的建筑上层。

楼层间由毗邻楼梯间的电梯相连接，没有令人混淆的其他路线。

建筑各层内部均没有高差，充分考虑了残疾人轮椅直达每个空间的需求。另有两个无障碍宿舍，以及一个可能在英国首次使用的内部无水堆肥卫生间。

无论建筑结构还是饰面均不含有毒物质，并强调透气性以提供健康的室内环境。

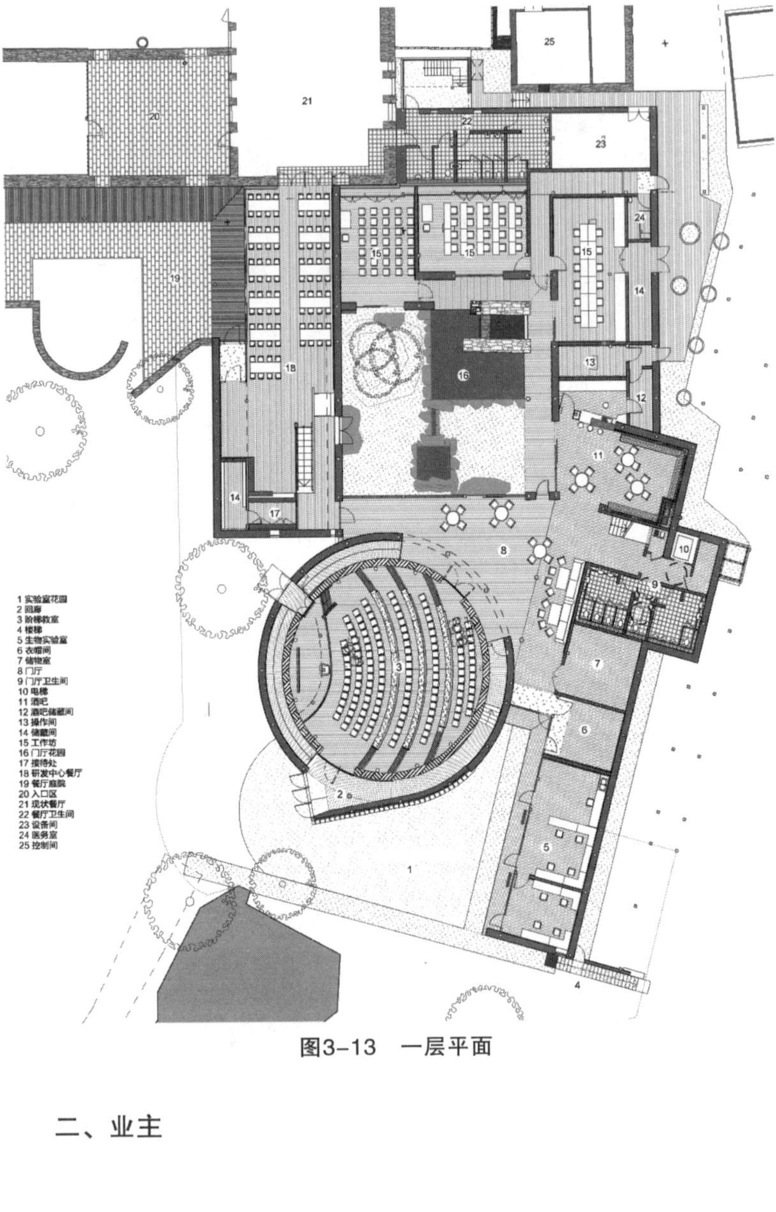

图3-13　一层平面

二、业主

CAT采用一种灵活且民主的方式管理项目并汇编材料，即负责不同领域的相关团队定期会面，这是以协商方式合作的不同机构的首选工作方式。参与团队的实时对话和有效沟通，不仅明确了工作提要，也产生了初步的设计规划草图。

CAT追求清晰完整的环境议程，包括CAT申请的材料和工程排序议程，例如仅接受FSC（Forest Stewardship Council，森林管理委员会）认证木材。

菲尔和丹尼尊重建筑师所担当的角色，而非一味寻求个人爱好。CAT或我们随时都可以修改或施工方案，一旦方案通过讨论并最终确定，他们总是建筑师的有力支持者。他们对工程的财政状况密切关注并加以控制，同时提供详尽的费用明细。即使在异常艰难的时期，他们依然保持行为一致、勇气可嘉，并对所有的项目参与者以诚相待。

三、建筑空间

建筑西南向透视（图3-14）展示了围绕一系列庭院和露台的单向进深房间。这种规划确保了所有客房均具有良好的外部可达性，否则庞大的建筑体量很难被安置到紧张的用地和周边现状建筑的空隙中。确定成几何角度平面的初衷是将主要公共空间临近现有建筑，东翼宿舍、会议室、生物实验室以及办公室，阶梯式教室则作为整体规划平面的中心。

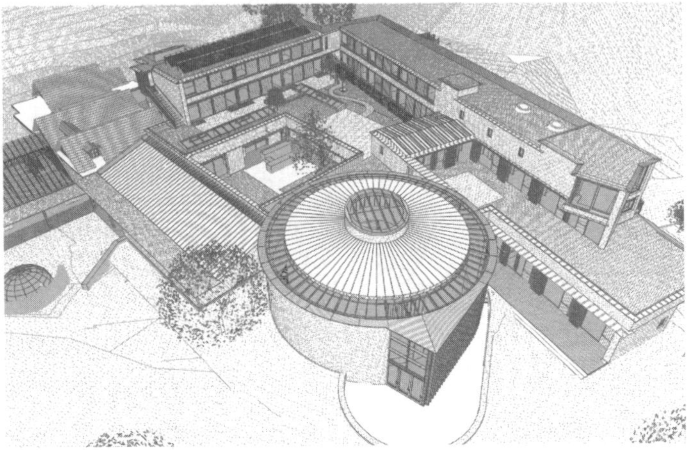

图3-14　西南向透视

从建筑轴侧图（图3-15）可以看出，由北至南贯穿的阶梯教室、内庭院、工作坊和宿舍房间，进深小且阳光明媚，并始终朝向外部空间。“绿色”的建筑材料包括夯土、麻石灰（hemp-lime）、木构架以及高性能门窗。

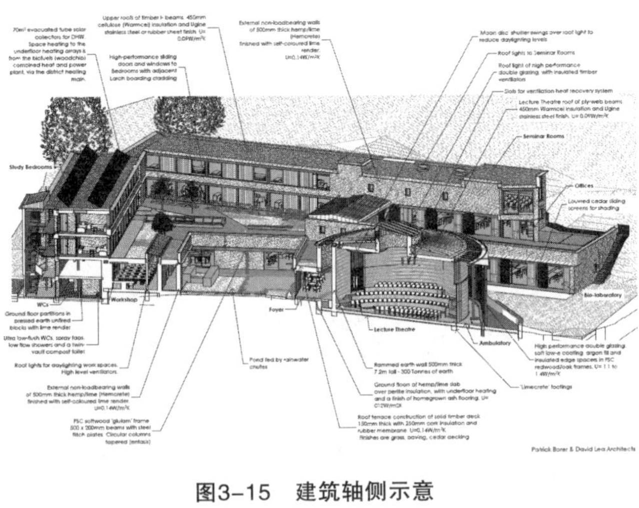

图3-15　建筑轴侧示意

图3–16　入口庭院和回廊

顶部采光的入口庭院和回廊将人们引导至WISE的餐厅（图3–16）。从该建筑典型的结构和空间设置中可以看出：FSC胶合木质结构框架固定在“大麻砖”（Hemcrete®，英国Lhoist集团产品，主要原材料是植物大麻Hemp和石灰lime。大麻秆被处理成2cm左右长短和石灰一起混合成坚固的块状）上，大麻和石灰的混合为建筑提供了良好的保温隔热和蓄热体，高性能玻璃推拉门直接安置于框架上，外部美景一览无余；回廊由当地生产的橡木作为内装，并采用实木屋顶结构；石板和沙砾共同构成建筑硬质铺装景观。

从花园西南角可以看到右侧阶梯教室的“采光鼓”和“休憩聚会空间”，包括环绕庭院和露台的学习室和会议室（图3–17）。建筑所有的固体外墙均采用了“大麻砖”，并用水硬性石灰饰面——面层为天然赭石本色。

图3–17　从花园西南角看建筑

光线通过采光天窗洒满了餐厅和接待区（图3-18）。所有独立的“胶合”截面均为圆形，遵从古希腊发明的“圆柱曲线”比例。楼层是当地生产的FSC橡木，采用了地板辐射供暖系统和麻灰高度绝缘毛地板。橡木也用于引导来访者至大堂的楼梯上，电气和数字设备开关都设置于墙面红木复合壁板之内。

大堂（图3-19）采用了木质胶合层积梁的圆形柱、FSC认证的橡木地板、支持其上屋顶露台的实木结构顶棚，透过玻璃和推拉门可以看到右侧大堂庭院。

图3-18　餐厅和接待区

图3-19　大堂门厅

高7.2m，直径14.4m的阶梯教室（图3-20）的墙壁是500mm厚的夯土，支撑起高绝缘性能的木材框架屋顶。这个古老的夯土式建筑技术，仍然在世界各地建材稀少的地区使用，具有优异的结构性强度和热容量。

图3-20　阶梯教室

屋顶中央有一个玻璃的圆形天窗（图3-21），由旋转的“月洞盘（moon-disc）”遮蔽，朝向远程控制的百叶窗，自然通风。地板层和固定的座位均为FSC认证的橡木材料。房间既可以通过天窗的烟囱效应进行被动式通风，也可以利用机械热回收通风系统。

阶梯教室内整面可推拉的木质幕墙（图3-22），不仅朝向“偶发空间”，也通往花园，为阶梯教室中的人提供了优美的自然风景。

图3-21　月洞天窗

图3-22　阶梯教室内的木质幕墙

环绕阶梯教室的是一个狭窄的回廊（图3-23、图3-24），作为缓冲空间和简单的被动式太阳能集热器，夯土墙可以通过幕墙玻璃吸收太阳能。

图3-23　回廊

图3-24　7.2m高的夯土墙和玻璃幕墙上流动的光

会议室在三层，二层是办公室，一层则是生物实验室。这些空间的进深都很小，使其能够自然通风，并充分利用日光（图3-25）。会议室通过叠开门旁的百叶窗进行通风，而建筑的挑檐和可推拉木百叶则为其提供了遮阳，这些木质材料都通过了FSC认证。

图3-25　顶部天窗将阳光洒向休息厅

大堂庭院（图3-26）周围环绕设置了3个工作坊、大堂、酒吧和餐厅。这个位于中心的内部开放空间是一处宁静而整洁的花园，有砂砾、屋顶雨水形成的水池和原生桤树。雨水通过庭院内原始的水车排出（水车在这个地方还是采石场时就已经有了）。

从一层屋顶露台向下俯瞰大堂庭院（图3–27），可以看到围绕庭院通往工作坊的回廊，以及左边的流向池塘的雨水口。

图3–26　大堂庭院

图3–27　从一层屋顶露台俯瞰

WISE共有24个宿舍，其中两个为无障碍设计，毗邻风景优美的露台（图3–28）。每个房间都配有可推拉的玻璃门或窗、节水卫生间和两张床，带有通风板的工作坊采光天窗在右边，地面延伸上来的种植槽内种植着花楸树。

图3–28　宿舍露台

办公区域的建筑格局与其他地方一样（图3–29）：FSC胶合木柱和框架梁；麻石灰饰面实墙、高性能落地玻璃窗；通风百叶窗和叠开门；可调节式遮阳百叶窗幕墙。面积最大的会议室有一个飘窗，可欣赏远处的坎布里亚山脉。

图3-29　办公室及其露台

第三节　法国巴黎轻型钢的可持续：伊萨那生活垃圾处理中心

从巴黎的埃菲尔铁塔上俯瞰，可以看到距离凡尔赛宫仅1km，掩映在塞纳河畔树林里的一座大型建筑，这就是伊西莱穆利诺市（Issy-les-Moulineaux）的伊萨那（Syctom Isseane）生活垃圾处理中心（图3-30）。位于法国巴黎西南郊区的伊西莱穆利诺市是欧洲人口最稠密的城市之一，也是法国最早推行生活垃圾和包装材料分类处理的小镇之一。

图3–30　从塞纳河鸟瞰垃圾处理中心

在人们刚开始看到它的时候，会诧异于一个位于城市核心地段的建筑，竟然是用于对生活垃圾进行分类处理的工厂。但再仔细思量，道理却是不言而喻的。邻近市区的优越区位可以最小化废弃物的运输距离；临近公路、铁路和河流则提供了便利的交通——这是为巴黎整个城市提供生活垃圾处理服务的理想位置。

上述的理由看来是非常充分的，然而如何将一个垃圾处理中心合理地安置于城市中令人瞩目的门户地段，仍然是一个问题。项目最终的解决方案并不出人意料——这座垃圾处理中心的所有建筑被要求是高环境性能（High Environmental Quality）的。通过精心的处理和深思熟虑的设计，最小化建筑在形体、气味和噪声方面对环境造成的不良影响。

归功于现代而理性的建筑设计理念和技术设备，新的垃圾处理中心完美地融入了景观。从建筑及城市一体化特征角度出发，设计团队首先考虑的措施是，将整个建筑相当大的一部分“隐藏”起来，以减少外观的体量。建筑总高52m，其中31m深埋于地下，地面标高以上

图3-31 垃圾处理中心沿街夜景立面

部分仅为21m（相当于6层楼高，图3-31），外观上则被绿色植被覆盖。这样处理带来的好处是，废弃物的运输卡车可以在地下和场地以外完成装卸货，而进入卸货区的入口则掩映在植物中，进一步降低视觉上的景观影响。沿着塞纳河河岸部分的空间对公众来说是最重要的，人们可以在这里休闲散步，或欣赏对岸塞纳河的风景。对大部分的伊西市民而言，他们看到更多的是建筑后侧的景观。

但这仍然是一座长300m，进深70m的大型建筑。

该项目的设计另一明智之处在于，设计团队并没有意图隐藏建筑的工业用途，而是使其与周边环境融为了一体，其中很大一部分应归功于建筑立面的外覆饰面材料。装饰木材覆盖了外墙，大部分侧壁和整个后立面均由涂漆钢板包覆，这种钢板是专为该项目设计研发的。围护装饰结构的温暖色彩，一扫工业化的单调乏味，给人以现代个性的感觉。沿街立面有力而不失和谐的外观——对一座建筑而言外立面不仅仅是一个至关重要的设计，也包括了建筑会客和办公空间对工业功能风格的延续（图3-32、图3-33）。

图3-32 垃圾处理中心沿街立面透视

图3-33 垃圾处理中心沿街道夜景

图3-34 木材与钢结构结合的立柱

面朝河畔的公共外立面装饰以本色木条为主，在外墙骨架后面，简洁的钢结构也同样包覆着木材，形成了外立面的锥形结构支撑立柱（图3-34）。14根立柱的钢构件以膨胀防火漆打底，外层为浅灰色涂层。伸出的金属露台，由斜拉应力的受拉杆件支撑，与逐渐茂盛的植物一起，进一步清晰了立面的表达形式（图3-35）。为了使建筑与环境得到更完美的统一，烟囱也隐藏在其中，在半空中几乎看不到。2008年年初种植的植物，在不久的将来会完全覆盖这个21世纪的工厂，并随着时光的流逝，更加郁郁葱葱。

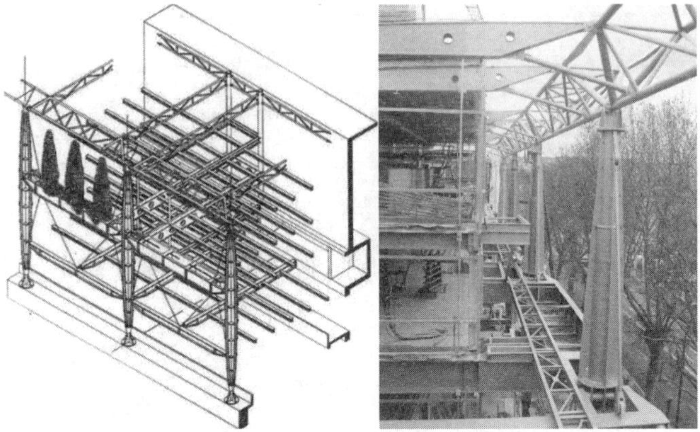

图3-35 垃圾处理中心钢结构细部示意

伊萨那生活垃圾处理中心建成后将取代旁边已经运转了40年的原有垃圾处理厂。运送到这里的生活垃圾将被分类回收，其余部分进行无害化的焚烧。新的处理中心将有自己的发电站，发电量足够自己使用。焚烧垃圾所产生的蒸汽可以用于周边地区建筑的取暖，排放的废气将是400℃的热空气且没有烟尘，燃烧后的炉灰将用船运走。塞纳河水被抽取用来给建筑降温，而后在28℃以下回灌至河中。处理中心所有的废水在进入塞纳河之前都经过处理，经过精心设计的结构确保最高级别的隔音效果。

伊萨那垃圾处理中心于2007年11月试运行，2010年正式启用，结合了3个生活垃圾处理功能：先将垃圾进行分类回收，然后对剩余垃圾进行焚烧从而产生能量。该处理厂的垃圾处理量达55 000t：包括20 000t回收的包装和纸，以及35 000t难处理的垃圾；能源开发中心对460 000t的剩余生活垃圾进行处理，并将大部分废物进行无害化焚烧，所产生的能量经由热网，为周边79 000个家庭提供采暖及生活热水。垃圾焚烧产生的电能除了供该中心使用外，盈余部分还可出售。这是一种尊敬环境的垃圾处理方式，通过可再生的易燃材料产生的本地能源，其中一半是生物能，相当于节省燃油110 000t。进入能源开发中心后，将减少98%以上的废弃物，2%的最终残余垃圾（PSR Residual Sodic Product）的焚烧灰被储存在垃圾填埋技术中心（Centre D’enfouissement Technique，CET）。

伊萨那生活垃圾处理中心是欧洲最重要的项目之一，其新颖的结构独具匠心，服务于上塞纳省（Hautsde-Seine）的20个市镇、伊夫林省（Yvelines），以及5个巴黎西部行政区，包含550万的居民。这个投入高达6亿欧元，在高密度城市区域建设的高科技公共设施，展示了法国的技术以及可持续发展理念。

第四节 荷兰首批主动式保障房改造：蒙特福德排房

在1945—1975年间，荷兰修建了250万间住宅，其中有130万间是排房。如今，绝大多数都在等待翻新，以满足21世纪的需求。

荷兰蒙特福德小镇（Montfoort）的普尔特街（Poorterstraat）与荷兰其他排房成群的街道看起来并无两样。成排列于街道两侧的二层楼房修建于1976年，有着平瓦屋顶、砖块立面和已褪色的浅蓝色木制外墙，以及颇引人注目的不对称屋顶结构（图3-36）。在入口处，一间间几乎无窗的房间（包括衣帽间、卫生间和储存间）一直延伸到路面上。从花园一侧观望，平平的屋顶几乎占据了建筑物一半的高度。

图3-36 普尔特街排屋原貌（摄影：Torben Eskerod）

相比如今的新建房屋，这些排房的面积更大，这是住户们所感受到的唯一优点。但是其通风和采光效果却很差，屋顶又矮又斜，丝毫无益于改善室内光线；阁楼仅仅作为储藏空间使用（图3-37）。不仅如此，临街一侧的延伸部分遮挡了入口外立面的阳光。最重要的是，住户对普尔特街的名声都不大满意。

图3-37 改造后的排屋外观（摄影：Torben Eskerod）

近来，蒙特福德普尔特街29～47号排房被改造成为荷兰首批“主动式住宅”，这10座排房通过翻新，获得了新的未来。这些房屋的屋顶通过发电、供热和提供光源3种方式对太阳能加以利用，显著提高了这些又大又深的空间的舒适度。

这10所主动式住宅只是诸多排房中的一小部分，它们的业主是GroenWest住宅基金会。它们的改造引发了社会对GroenWest住宅基金会的关注，正如前主席彼得·科泽利厄斯（Peter Korzelius）所说，“这里所有街道已成为新的旗帜项目，这真是件好事。普尔特街与邻街住宅的最大不同在于它们拓展了房顶阳台，使每一平方厘米的空间都能享受到阳光”。

一、改造理念：斜+立组合窗获取更多阳光

建筑师的改造策略在于打开房子的中部，让更多的阳光从顶部射入建筑物内。以前，房屋的阁楼只作为储藏空间，通过折叠楼梯进入。如今，阁楼被明显扩大，改造为起居室，通过永久性楼梯直达一楼（图3-38～图3-41）。

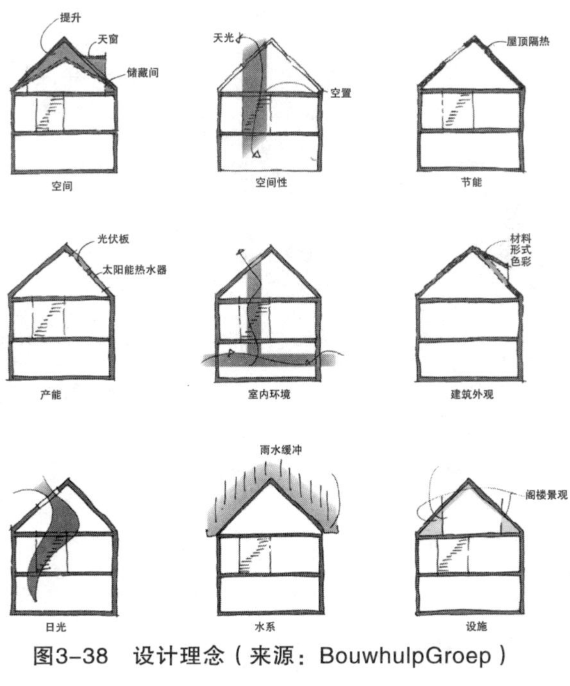

图3-38　设计理念（来源：BouwhulpGroep）

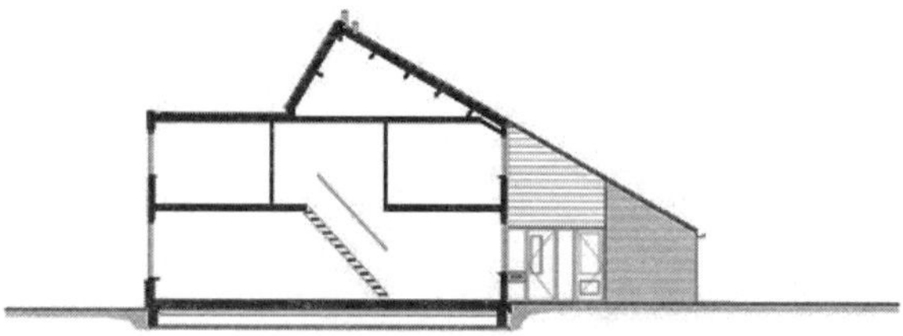

改造前

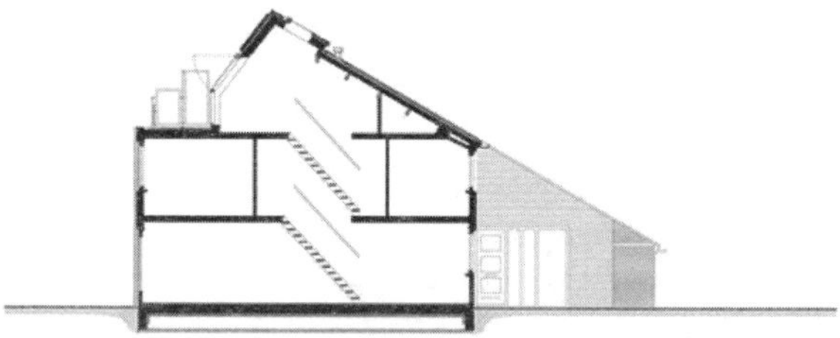

改造后

图3-39　改造前后A-A剖面对比（来源：BouwhulpGroep）

图3-40　改造后的楼梯
（摄影：Torben Eskerod）

图3-41　改造后的阁楼空间
（摄影：Torben Eskerod）

空间的延伸还表现在建筑外立面——最引人注意的是阁楼上的三角墙。建筑师将三角墙设计成了阳光放大器，在现有非对称屋顶上安装了斜面加立面组合天窗、太阳能板和彩钢瓦（图3-42）。这种屋顶延伸方法使得阳光可从两侧射入阁楼中。因此，如果住户将卧室安置在这一层，那么在清晨，他们将被东面屋顶平台射入的阳光所唤醒；傍晚，他们还能享受西侧高位屋顶天窗射入的太阳余晖。这缕余晖将通过房内的白色泥墙反射到对面的屋顶上开放式新楼梯使更多的阳光直射到屋内地面和周边空间内，使室内明亮了许多。原先一层环绕楼梯的木头和玻璃隔板被低矮的栏杆所替代，使太阳光线自然泻入临近的走廊中。

图3-42　改造后屋顶（摄影：Torben Eskerod）

房屋一、二层和立面窗户的大小并未做出改动。但是，设计师们将隔热效果差的老旧铝框窗户替换为了木框3层玻璃窗（图3-43）。

图3-43　木框3层玻璃（摄影：Torben Eskerod）

房屋的一楼为开放式厨房或者是餐厅和起居室，面积约为45m^2，从入口侧一直延伸到花园。为了保障这一空间的开放型，楼梯只由踏板构成。因此，进入建筑物时，人们可以直接看到里面（图3-44）。过去，房屋墙面是老旧的吸光石膏灰泥，粗糙灰泥墙和墙面覆盖层阻碍了很多的阳光。如今被光滑的白色墙面和天花板所代替，可反射从窗户射入的太阳光。楼梯的旁边增设了一堵白墙，将日光反射到卧室。

图3-44　改造后的一楼室内空间（摄影：Torben Eskerod）

一楼和阁楼的通透性会影响房屋的自然通风效果。顶楼新开的几扇屋顶天窗在楼梯井边起到了烟囱的作用，使一、二层的废气向上流通，最后从顶楼排出户外，保障了房屋在夏季的通风。冬季，配置CO_2传感器的机械通风系统使温暖空气流通，舒适而健康。

二、社会保障住宅的重点：材料的选择

房屋结构和外立面几乎完全翻新了，不仅实现了良好的通风，窗户还能够尽可能多地吸收太阳辐射，通过最有效的方式实现了能源目标。

房屋立面和屋顶的材料选择是另一个重要的问题。这10座房屋属于社会保障性住宅，而在荷兰有一条不成文的规定：社会性住宅从外观上看不能有别于其他房屋。因此，项目的外立面采用了新的砖砌

面层和粉饰黑色护墙板。从远处看，这种材料使人想起改造前的样子（图3−45）。但是，新的砖墙厚度只有过去的一半，这就意味着在无须增加基座厚度的前提下，墙身空腔（热绝缘空间）就已经变宽了。地板槽隙50cm下方处安装了外部保温材料，确保地板底部供暖。

图3−45　改造后的建筑外立面（摄影：Torben Eskerod）

三、能源：全方位太阳能解决方案

新房屋是依照威卢克斯（VELUX）和丹佛斯（Danfoss）一体化“太阳能解决方案”建造的，这是本项目能源理念的关键。这一元素集空间扩展、日光补给、通风和太阳能发电等多种功能于一身。

房子的朝向决定了屋顶能够“汲取”的阳光是多少。在西向的入口一侧，每个屋顶都安装有$21m^2$的光伏板。东边屋脊处安装了一排太阳能板，用于供应热水。入口一侧安装的这两个系统有利于改善能源平衡（图3−46）。

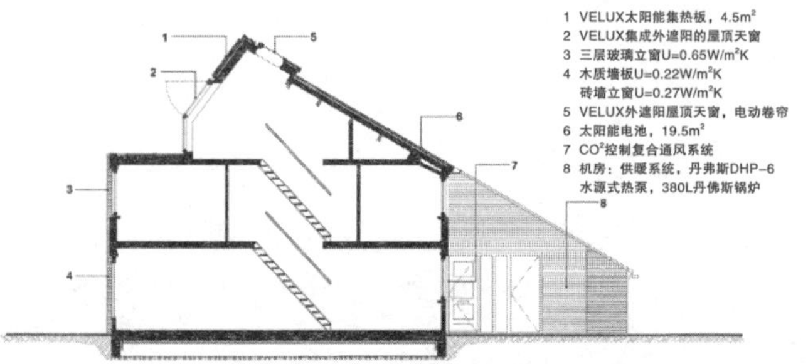

图3-46 太阳能利用示意

据建筑师推算，与改造前相比，房屋大约能够节省80%～90%的能量。除此之外，建筑物被改造为“全电力”的房子，无须燃气锅炉或烟囱。供热则通过地缘热泵和两个地缘热探针实现（每个屋子1个）。热泵的能源来自屋顶的光伏模块。所有重要的技术设备，例如热泵、热水箱和光伏系统逆变器等，都集中在临街一侧的杂物房内。改造后，排屋的能源利用等级达到A++（图3-47）。

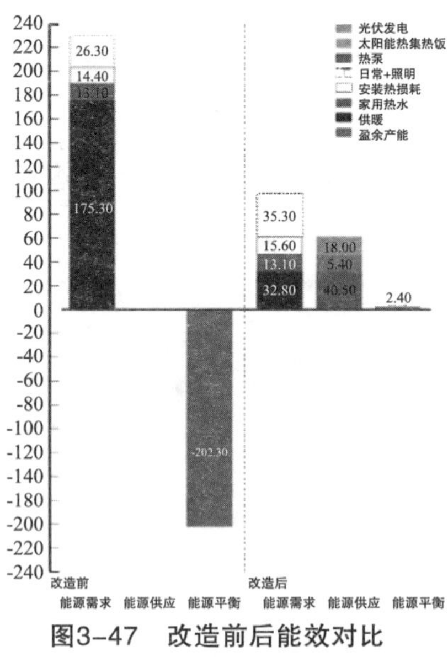

图3-47 改造前后能效对比

四、改造效果：节省开支、节约空间和提升形象

在荷兰等国家，燃气价格很低，因此将老旧的燃气锅炉替换为可再生能源独立系统是一项大胆而富有前瞻性的举措。客户和建筑师们希望看到的是：随着矿物燃料价格的上涨，这一举措将被证明是值得的。根据Bouwhulp Groep建筑公司的计算，改造完后每月房租约上涨115欧元，但住户每月能够节省的能源费用约为130欧元。这样算来，相当于住房空间扩大了17 m^2。

房租收入将帮助GroenWest住宅基金会偿还改造房子的成本——每户约13万欧元。在所有成本中，主动式住宅技术仅占了一小部分——绝大多数花费在了标准维护和翻新上。而作为一项研究和发展性投资，它将帮助公司在未来改造其他数千座房屋。正如GroenWest前主席彼得·科泽利厄斯在工程开工前所说的："我们面临着这样一种情况，那就是我们必须改造1/3的公租房——也就是说，在未来的5～7年内，我们需要改造4000户住宅。这是一项庞大的工程。通过这项工程，我们希望了解在技术上如何能够最大限度地利用阳光并尽可能地减少能源消耗。"

对于租户而言，改造不仅意味着开支减少了，更重要的是，他们自己和邻居的居住环境都将大为改善。普尔特街曾经是蒙特福德最贫穷的地方，然而，现在它却成为蒙特福德的新地标，这里的住户因为他们能够居住上荷兰最特别的社会性住宅感到无比幸运。

五、结语

改造后的蒙特福小镇排房的能源消耗仅占荷兰新建房屋正常能源消耗的一小部分，更重要的是，这些房屋的日光、新鲜空气、室内环境和健康材料应用都达到了很高的水平。

“主动式住宅”的理念核心在于设计适合住户的建筑物。在蒙特福德，设计师们将这一理念归纳为阳光、空气和空间。这3个方面是所有设计的关键——无论是在屋顶平台的延伸、楼梯光线设计或是室内空气质量方面。“以人为本”的理念使蒙特福德的项目在其他节能翻新项目（包括“被动式住宅”翻新）中脱颖而出。在被动式住宅设计中，建筑物起着主导作用；然而，在主动式住宅中，用户则是建筑物设计的核心。因此，主动式住宅强调住户在住宅内的主动作用，主动式住宅理念只是项目执行的一个部分，而非全部目标。

第五节　澳大利亚美学和生态的融合：墨尔本市政府办公楼CH2

墨尔本市政府办公楼CH2（图3-48）位于墨尔本市中心小柯林斯街（Little Collins）200号，总建筑面积12 536m^2，包括1 995m^{2}的地下室。地上共有10层，一层是500m^{2}的零售商场（图3-49）。二层以上是政府办公室，每层建筑面积为1 064 m^2。

图3-48　CH2西立面外观

（摄影：Dianna Snape）

图3-49　一层大厅

（摄影：Dianna Snape）

2001年，墨尔本市政府决定建一座新的办公楼，并将其作为到2020年前实现零碳排放这一长期战略的一部分。墨尔本市政府公开声明，CH2是一座全新的建筑，它有可能改变澳大利亚甚至整个世界的生态可持续设计方法。它将争取在建筑物如何实现资源、社会和环境的共赢方面树立一个新标准，其长远意义还在于为其他城市提供可借鉴的典范。

CH2的设计师曾就读于伦敦的建筑联盟学院（Architectural Association），曾经在非洲，主要是在津巴布韦（Zimbabwe）工作了很长时间，并从自然界中获取了大量的设计灵感。相对于西方建筑师更多地运用他们广泛认可的建筑工程学，非洲的建筑设计在获得大自然的灵感方面比西方的限制要少得多。对于非洲城市的办公建筑，CH2的设计师已经找到了一种适合的设计方法——直接参考大自然在相同环境下的解决方案。在设计CH2之前，他完成了一个位于津巴布韦首都哈拉雷（Harare）的大型写字楼项目，该项目完全模仿开阔草原上的白蚁巢穴，巨大的有机塔以优雅的方式解决了供暖和制冷这两个基本问题，并为居住于其中的居民提供了所有的生命支持系统。在CH2中，设计师将他的想法运用到了墨尔本市区这片密集的区域，展示了将仿生学设计嵌入到完全人工都市环境中的可能性。

一、建筑立面

CH2建筑的4个立面如下。

1.西立面

CH2建筑的西立面朝向斯旺斯顿街（Swanston Street）。整个西墙有随太阳照射而自动变换角度的再生木质百叶窗遮阳（图3-50），早上完全打开，下午太阳直射时关闭，由一套液压的系统来控制。再等到傍晚时分，百叶窗逐渐打开，如同绽放的花朵般，露出其后的玻璃建筑（图3-51、图3-52）。与其说是古朴的玻璃幕墙界定了自然，不如说它本身就是大自然绘画的杰作。CH2的整个立面都随着太阳的运转而变动，像大自然的一面镜子。一天中除了太阳直射到西立面的3个小时外，整座城市的美景在每层楼都能尽收眼底。

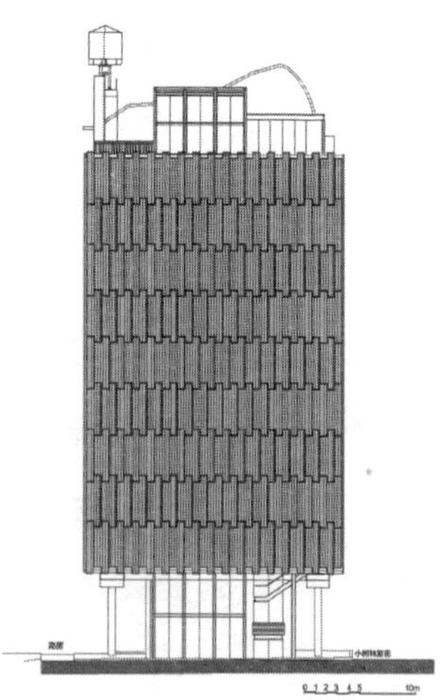

图3-50 西立面

图3-51　西立面木质百叶窗（摄影：Dianna Snape）

图3-52　遮阳百叶开启（左）和关闭（右）状态（摄影：David Hannah）

2.北立面和南立面

CH2建筑的北立面和南立面可以视为建筑与环境互动的图示。根据深色物体吸收热量暖空气上升的自然规律，CH2大楼北立面（墨尔本位于南半球，其北向为朝阳方向）建了10个深色的管道（图3-53）。南立面则根据浅色反射热效率高和冷空气下沉的规律，设置了10个浅色管道，它们从屋面带入新鲜空气，向下输送到建筑物各层，并由下向上通过屋顶风力涡轮机将废气带出建筑物。北立面除了玻璃窗户外还有阳台、遮阳板和花园，垂直花园起到遮阳、防眩光和提高空气质量的作用。种植的植物利用再生水浇灌，栽植在每一楼层的阳台的特制种植槽内。墙面上设有不锈钢网，供藤本植物缠绕攀附（图3-54、图3-55）。

图3-53　北立面外观

图3-54　北立面的遮阳板和绿化阳台

（摄影：Dianna Snape）

图3-55　北立面的遮阳板和绿化阳台

（摄影：Dianna Snape）

CH2建筑的南立面有5个喷淋塔（图3-56），塔之间的纵向平行槽是可活动的，可以为建筑内部空间换气通风。喷淋塔是透明封装的水塔，它们演示了由重力驱动的水和空气的蒸冷却过程。CH2建筑的北立面顶部安装了黄色风力涡轮机，通过收集风能在夜间抽取空气（图3-57）。

图3–56　南立面喷淋塔（摄影：Dianna Snape）

图3–57　顶层阳台和风力涡轮机（摄影：Dianna Snape）

CH2建筑并未因其采用了许多绿色建筑设备和手段而使外立面很不协调，相反它们更加丰富了建筑的立面特征。立面被作为光和能量的表达，因为它们直接展示了一个收集光、风和重力的自然过程，就像在森林里为了获取足够的阳光，树顶端的叶子都比较小，而底端的叶子就比较大。树干则为了上方的阳光，努力与地球引力抗争。因此锥形管道更像是自然中的塔状物体而非平行的纵向元素。

3.东立面

东立面使用了穿孔金属板（图3–58），就像西立面一样组成了建筑物的可呼吸表皮。东立面的这些穿孔板由不规则的波纹皱褶组成，打造了一种和树皮类似的，更为自然的图像效果，CH2内部也沿用了同样的自然肌理。

图3–58　东立面穿孔金属板（摄影：Dianna Snape）

东墙上的穿孔金属板使卫生间能自然通风，作为阳台的栏杆，并把电梯间等隐蔽起来。

二、建筑的仿生学设计

设计师曾经在非洲研究白蚁的巢穴。和人类相比，它们在和大自然打交道时要聪明得多。白蚁巢穴是和我们身体类似的一种系统。它在温度上自我调节。这可以成为建筑物的绝佳模式。在某种意义上这也是我们新陈代谢的延伸。这意味着人们可以修建一个耗能很少的建筑物。研究白蚁的科学家们发现蚁穴的中庭堪比一个超级生态系统或者生命体系。对于绿色建筑而言，它提供了一个非常高明的解决方案，让使用者和周围环境互相协调。借鉴白蚁的中庭，设计师并非建议将建筑物的外观设计上类似白蚁的巢穴，而是在设计建筑物的内部时参考蚁巢的运行方式。珍妮·班娜斯（Janine Benyus）在其所著的《仿生学》书中将这种设计方法称作“仿生学设计”。

CH2建筑内部环境设计不仅非常切合人类的生理习惯，同时还尝试重构了根植于非洲大草原的自然美学，因此也满足了我们的心理需求。人类需要与植物为伴，需要广阔的视野来增加安全感，需要在工作间隙逃离牢笼拥抱自然。我们需要用自然光来修正生物钟，因为人类两三百万年的野外生活之后仅仅经过15代人的时间就变成了室内动物。

三、建筑能耗与绿色策略

1.通风降温系统

CH2建筑在建筑制冷方面做了很多努力，它采用了吊顶辐射制冷技术（图3-59、图3-60）。

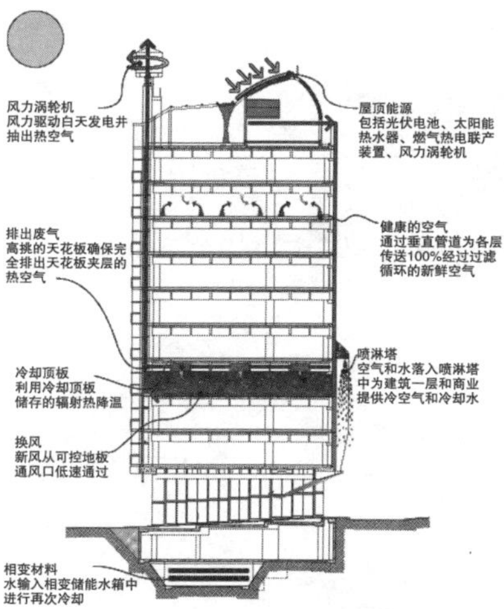

图3-59　日间通风降温模式

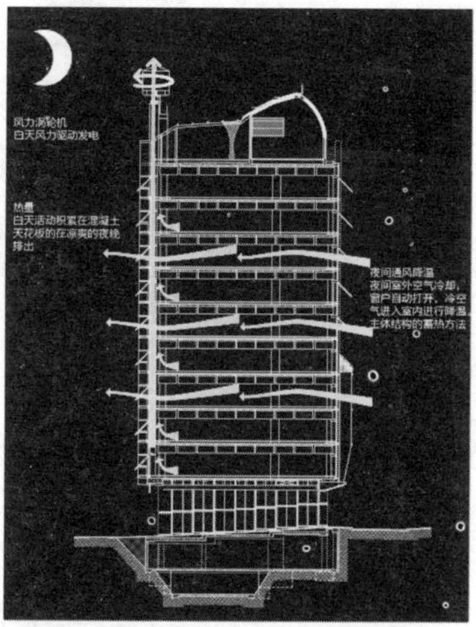

图3-60　夜间通风降温模式

户外经过过滤和干燥的新鲜空气从17m高处设备间或更高处抽进来，导入建筑南面的喷淋塔中。可以产生15℃的凉爽气体并分散到工作区中。最终，冷水再被输送到地下室的3个由30 000个不锈钢球状相变材料组成的储能水箱中重新开始循环（图3-61）。

图3-61　相变材料和水箱

CH2建筑的通风系统提供了100%经过过滤、循环的新鲜空气，工作人员可以通过位于地板上的空气通风口进行独立控制（图3-62～图3-64）。有研究表明，低新风量直接导致工作效率低和容易患感冒、流感等疾病，而这些情况在CH2建筑中都没有出现。

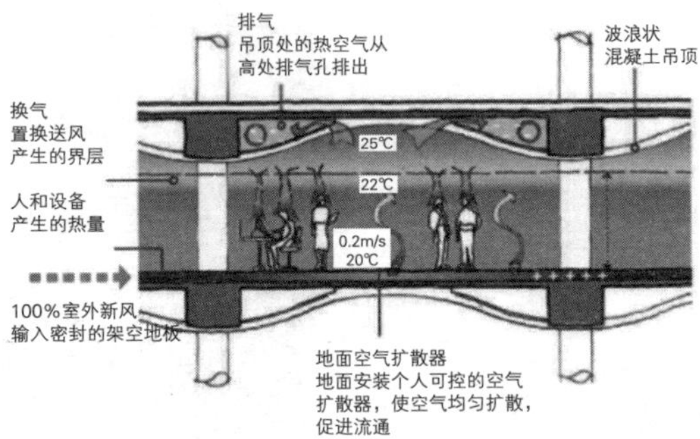

图3-62　办公空间的空气流动

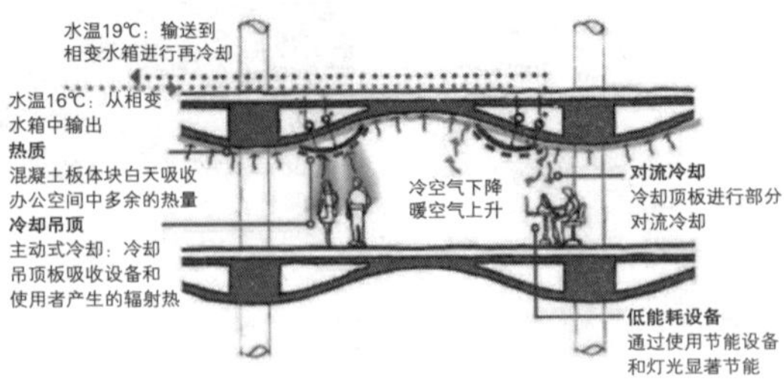

图3-63　办公空间能耗示意

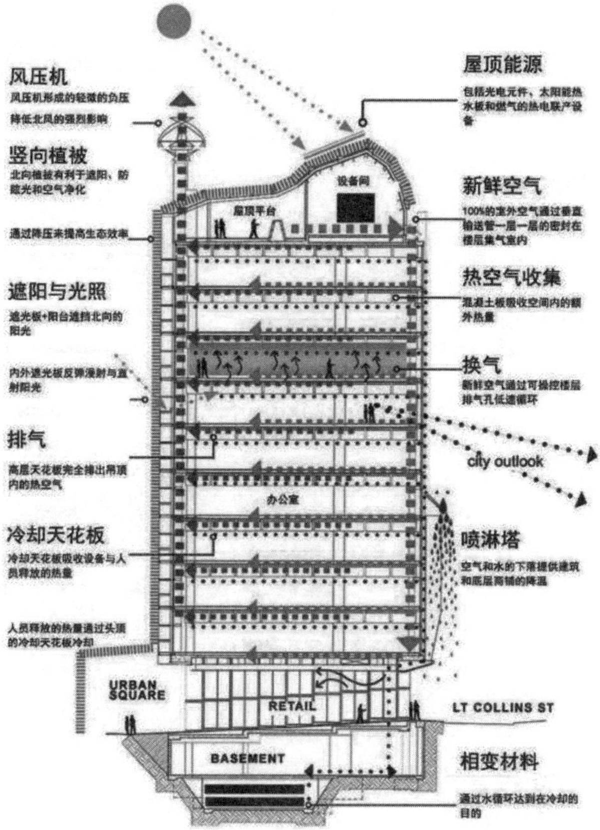

图3-64　建筑绿色策略剖面示意

2.采光照明

墨尔本的限高一般为40m。节能规定建筑立面窗户的最大面积不得超过外墙面积的50%，从狭窄街道洒落下来的阳光足以让低楼层的窗户得到比楼顶层更多的光照。设计师通过调整CH2建筑不同的窗户面积，使各个楼层在狭窄的街道中得到均衡的自然光照，既降低了能耗，又保证理想的自然采光。北立面的窗户展示了如何采用一些辅助设备，让一些即使不能被太阳直射的区域也能获得充足的光线（图3-65），穿孔钢材反光板将日光反射到建筑室内的吊顶上，避免了眩光并减少人工照明的需求。

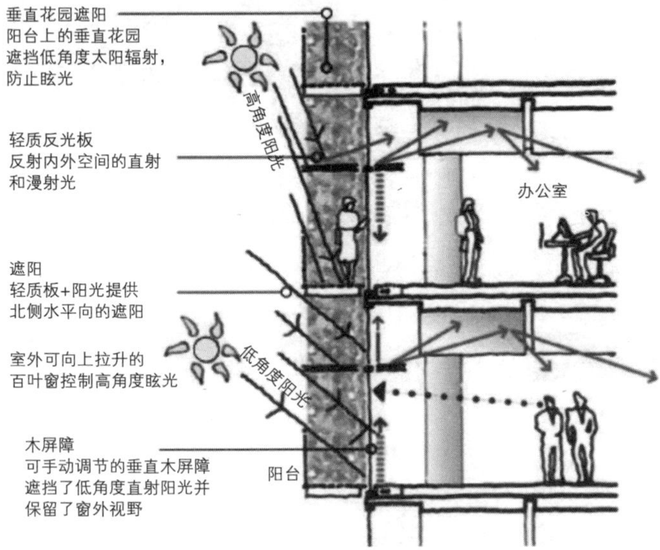

图3-65　北立面采光示意

CH2建筑中采用了T5节能灯具与传感器结合，在自然采光充足的时候减少人工照明。个人的工位上配备可以控制的台灯作为补充，根据工作需要来决定是否使用人工照明。

3.燃气热电联产

CH2建筑屋顶上的燃气热电联产装置用以发电和产生热量，降低对公共电网的依赖。热电联产装置的CO_2排放量比燃煤发电的排放量要低得多，能产生60kW的电，满足了CH2办公楼30%的用电需求。同时，该装置还提供60kW的热量作为吸收式制冷机冷却和冬季热水供暖的能源。

4.太阳能

屋顶上48m^{2}太阳能热水板提供了CH2建筑约60%的生活热水供给，燃气锅炉作为太阳能不足时候的后备；26m^{2}的光电板产生的电力则用以驱动建筑西立面的木质遮阳百叶窗。

5.污水回收利用

小柯林斯街道每天约有100m^{3}的污水从污水管道排出其中95%是水，这不仅对污水系统来讲是极其沉重的负担，也是水资源的浪费。在CH2建筑场地产生的污水通过复合净水厂（multi-water treatment plant）处理后，将抽取出来的水处理成优质的非饮用水。其中一部分回收的水用于CH2建筑水冷却，浇灌植物和冲厕，剩余的水可供市政府其他办公楼，城市喷泉和植物用水。同时，对消防喷淋系统用水和雨水进行回收进一步节约了用水量。

四、建筑使用后评估

CH2建筑为550名员工提供了健康的工作环境，并将以此作为未来城市办公发展的基准。由业主和设计方共同推进项目进展，吸纳了广泛的可持续概念，并提供了最终整体设计方案。一份独立的评估报告显示，墨尔本市六星级的绿色建筑CH2使用7年即可收回成本——比预期提前了3年。自2006年10月投入使用后，CH2建筑已获18个奖项，受到广泛的国际好评，这表明CH2建筑的商业运营非常成功，超出预期。

第六节　日本复合型立体城市：阿倍野HARUKAS大厦

图3-66　阿倍野Harukas大厦

阿倍野Harukas大厦（图3-66）位于大阪市中心阿倍野区，地上60层，高度达到300m，总建筑面积超过30万m^2，是日本目前最高的超高层建筑，其总高度略低于作为构筑物的东京塔和东京晴空塔（又名“东京天空树”），排在第3位。建筑功能包括商业（高端百货店）、办公、酒店、美术馆以及观景台，同时是阿倍野桥交通换乘中心。工程于2010年1月9日开工，2014年3月7日正式全面开业。

“Harukas”在日本古语中是“开朗，明亮”的意思。建筑命名为“Harukas”，既有登高望远使人心情开朗之意，也有因为建筑布置了各种商业、娱乐设施，能够使来访者心情愉快的缘由。阿倍野Harukas的建设目标是成为复合型的立体城市，并最大限度地使用各种绿色建筑技术来降低能耗。项目入选为日本平成20年度（2008年）第2次“住宅、建筑物节能示范工程”。该项目在设计上将“光”和“风”等大自然的恩惠巧妙地引入建筑之中，起到了节能和提高室内舒适度的良好效果。

Harukas大厦综合采用了加强自然通风、屋顶绿化、回收有机垃圾用于生物质能发电等诸多先进的绿色建筑技术措施，并通过各种被动式设计达到削减CO_2排放的目的。对于设计条件苛刻的超高层建筑来说，这是实现了“人与自然和谐共存”的成功建筑案例。该项目获得了日本绿色建筑评价“CASBEE”（Comprehensive Assessment System for Built Environment Efficiency）认证的最高等级“S”级的认证。

一、超高层复合绿色建筑技术

阿倍野Harukas大厦是一座集车站、百货商场、美术馆、办公楼、酒店、空中花园、观景台于一身的超高层复合型建筑物（图3-67）。建筑形式的优化考虑了各个方面的因素，包括周边区域的风环境、与已有公共设施的联系、竖向流线和疏散规划。通过3个有着不同占地面积体块的堆叠，使办公中庭可以获得充足的光照和通风，实现了自然采光和户

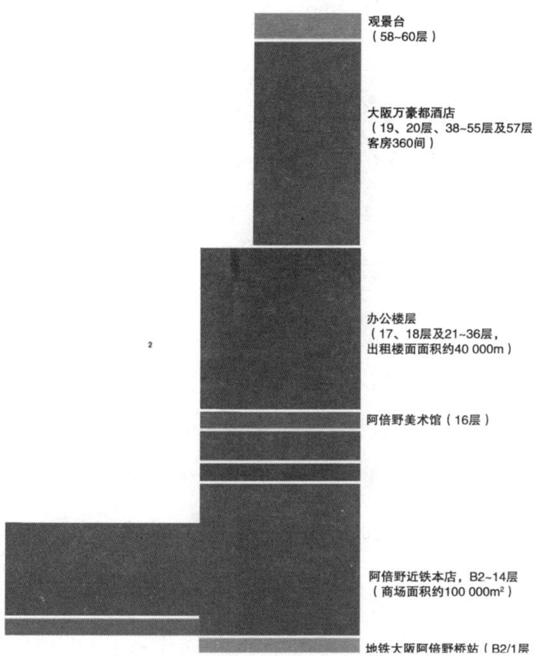

图3-67　建筑各层构成

外新风引进的楼内挑高空间设计。

1.复合型建筑的绿色建筑技术

阿倍野Harukas大厦项目充分利用中庭空间发挥了采光和通风的功能。如在春、秋过渡季节，利用中庭将室外比较舒适的新风引入室内，同时将被人体等室内热源加热后的空气利用热压作用排出，实现自然通风。此外在夏季夜间可以将室外的冷空气引入降温，降低第二天的空调负荷。

该项目将有机垃圾加工、利用生成的沼气进行发电，并作为热水加热的燃料进行利用，这在日本国内也是首次尝试。有机垃圾是百货店和酒店餐厅的副产品，这样在生产出能源的同时降低了废弃物的排放。

利用建筑不同功能之间的能耗差异来节能也是本项目的重要特点。如使用人数较多的百货店一年到头都需要空调，这样空调的散热就可以给酒店来供应生活热水。

百货店的主要使用时间是周末和节假日，办公部分是平时的白天，而酒店主要是晚上。这样充分利用不同的时间差，可以实现不同建筑功能空间的能源调配，使得建筑整体实现了能耗负荷的平衡。

一般来说，包含商业设施和酒店的复合型建筑比单一功能的办公建筑单位能耗要高。本项目因为巧妙地利用了不同功能之间的能耗特点并有针对性地采用了各种节能技术，使得建筑整体可以一年减排温室气体5 000t，与一般建筑相比可以节能约25%（图3-68）。

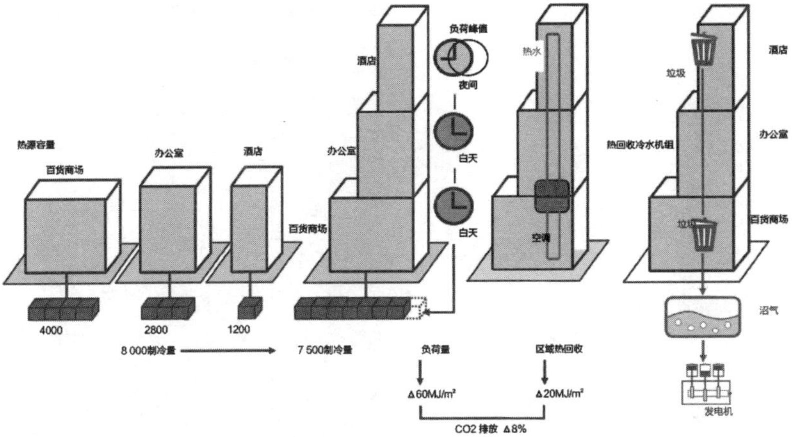

图3–68　减少CO_2减排的能源管理

2.绿色中庭（Eco-void）

本项目因为建筑外部较为严酷的风压条件以及安全方面的综合考虑，设置了呼吸式玻璃幕墙系统。内部充分利用高度差来设置绿色中庭，有效地进行自然通风和热交换（图3–69、图3–70）。这样的被动式设计使超高层建筑与自然之间实现了沟通和调和，并营造了节能与高舒适度的室内环境。

透过呼吸幕墙，窗外的风景一览无余。窗户在通风的时候可以有效阻止室外热量进入。双层玻璃间的高效隔热层大大降低了空调能耗荷载。

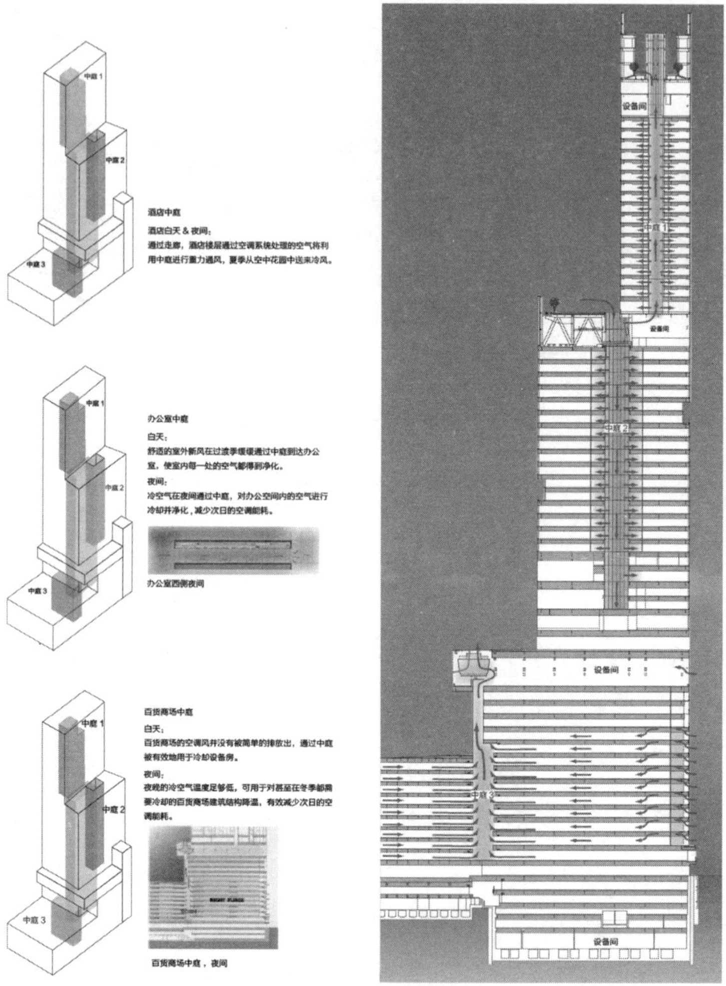
中庭 1
中庭 2
中庭 3
酒店中庭
酒店白天 & 夜间：
通过走廊，酒店楼层通过空调系统处理的空气将利用中庭进行重力通风，夏季从空中花园中送来冷风。
中庭 1
中庭 2
中庭 3
办公室中庭
白天：
舒适的室外新风在过渡季缓缓通过中庭到达办公室，使室内每一处的空气都得到净化。
夜间：
冷空气在夜间通过中庭，对办公空间内的空气进行冷却并净化，减少次日的空调能耗。
办公室西侧夜间
中庭 1
中庭 2
中庭 3
百货商场中庭
白天：
百货商场的空调风并没有被简单的排放出，通过中庭被有效地用于冷却设备房。
夜间：
夜晚的冷空气温度足够低，可用于对甚至在冬季都需要冷却的百货商场建筑结构降温，有效减少次日的空调能耗。
百货商场中庭，夜间
设备间
中庭 1
设备间
中庭 2
设备间
中庭 3
设备间

图3-69 绿色中庭示意

图3–70　呼吸式幕墙近景

二、作为"地区生态系统一部分"的景观设计

阿倍野Harukas大厦高300m，从毗邻的天王寺公园（Tennoji Park）呈阶梯状延绵至此的绿色空间，将超高层建筑与自然融为一体，创造出了一个充满活力的立体都市景观环境。根据建筑不同的风环境，该项目设计了3个不同功能和风格的空中花园，展示了独具魅力的摩天大楼景观。距离地面80m高的音乐走廊与种类繁多的上町高原植物交互辉映，吸引着各种各样的人群（图3–71）；在离地200m高、下降气流强大的空中花园是"笹原花园"（图3–72）。最高的空中观景台设置了遮阴的常青树，在都市空间中营造出一个垂直的，如同自然山脉植被分布的植物景观。与自然的联系有助于在高密度的城市实现走向自然共生和可持续发展的超高层建筑。

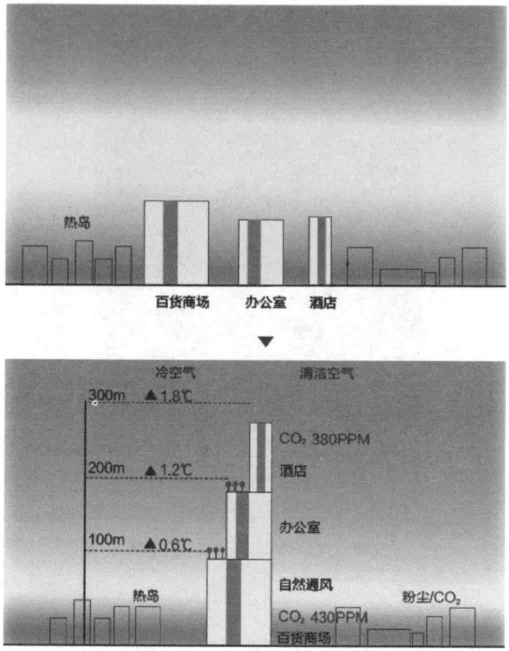

图3-71　Harukas大厦对城市热岛效应的缓解

图3-72　美术馆的空中花园（距离地面80m）

通常超高层建筑被完全隔离于自然界之外。然而，Harukas大厦并未将屋顶绿化设计简单地局限于在楼顶敷设草坪，他们通过精心地将乔灌草进行结合，并设置具有大阪地域特色的植被群落，为在室内办公、活动的人们提供“我在这里”的强烈的场所归属感，这不仅仅对在大型建筑内人们的心理健康是很有必要的。而且对于该地区的整体的生态系统来说，这些乡土植物也是非常宝贵的。

第七节　新加坡可持续设计的更高境界：启汇城Solaris

图3–73　Solaris大厦人视效果

Solaris坐落于纬壹科技城总体规划中的启汇城（Fusionopolis）地块，是一个面向通信、媒体、自然科学、工程研究及清洁技术的15层复合型科研大厦（图3–73）。该建筑的概念设计在裕廊集团（Jurong Town Corporation）组织的设计招标中脱颖而出。Solaris大厦获得了新加坡建设局（Singapore Building & Construction Authority）颁发的绿色标识铂金级认证（Green Mark Platinum）——新加坡可持续建筑认证级别中的最高荣誉。值得一提的是，该建筑的总能耗与当地普通建筑相比，缩减超过36%。

Solaris的景观规划总面积在8000m^{2}以上，超过了原本建筑基地的绿化面积。这个绿色生态基础建设以超标的113%的绿色覆盖率，代替了基地原始的绿色足迹。

启汇城地块是裕廊集团致力开发建设的纬壹科技城总体规划的一个组成部分（图3-74）。毗邻的启奥生物医药研究园（Biopolis）和媒体城（Mediapolis）地块，与启汇城地块一起，构成了纬壹科技城的3个战略性发展目标，它们分别是——成为新加坡和东南亚地区生物医学研究、新媒体制造与高技术软件工程开发的孵化器。

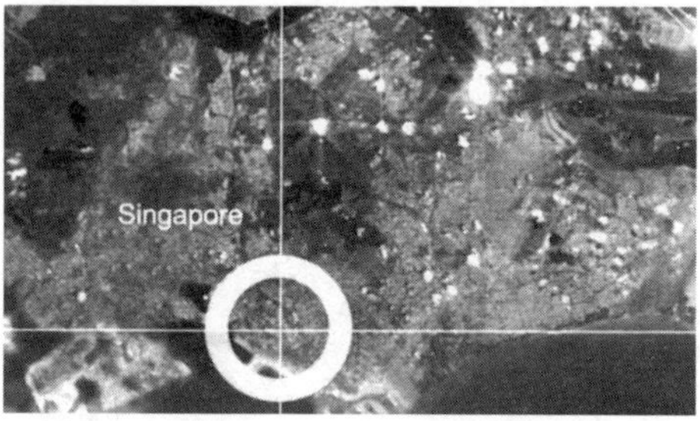

图3-74　纬壹科技城、启汇城基地位置

一、螺旋线性的外围景观空间

Solaris建筑设计的关键元素是一条长达1.5km的延续不断的生态骨架，它将毗邻的纬壹地面公园和建筑地下的生态单元，以及最高处层层叠叠的屋顶花园连接起来（图3-75、图3-76）。

连续的线性景观是该项目生态设计理念的重要构成部分，建筑绿化区内所有的植物和有机体在这个连续的动线上形成一个多样化的平衡的小生态。大量的绿化植物能够平衡建筑自身的有机体和非有机体，将富有生命气息的绿色带入Solaris作为一个技术工程开发的灰色工业环境。

广泛的生态基础设施构建、耳目一新的竖向绿化理念——“一木不能成林”，Solaris的可持续设计不仅仅试图机械化地替代城市中渐渐消失的绿色，而是力图优化场地本身现有的绿化来创造互动和谐的生态系统。

图3–75　螺旋形绿化带概念

图3–76　鸟瞰

二、自然通风

Solaris的建筑设计最大可能地实现了整体和局部的自然通风，以降低对空调系统的依赖（图3–77）。

图3-77　建筑主体剖面

中庭空间顶部的智能控制天窗系统在炎热的天气条件下能够利用烟囱效应进行有效的自然通风。热空气从顶部天窗排出，能保证建筑地面层不断抽吸冷风，提高了室内使用者的舒适度，避免中庭空间采用主动式空调制冷而消耗大量能源。中庭地面入口处安装一系列挡雨板，在恶劣天气里挡风避雨的同时，能保持室内空气的均衡流动（图3-78）。

图3-78　中庭实景

三、天窗及智能排烟窗

在正常情况下，中庭顶部的智能控制通风天窗系统利用烟囱效应通风；当遇到火患时，它将以故障安全系统运行（图3-79）——当建筑智能控制系统检测到建筑内部或周围有火情时，通风天窗会自动开启；排出室内的烟雾和热量。故障安全系统的能源供给来自建筑主能源和辅助能源（不间断电源储备和备用发动机），避免故障安全系统因主能源受到大火破坏而失效。这种策略避免了传统中庭设计中常见的昂贵且耗能极大的烟雾控制系统。

图3-79　中庭天窗实景

此外，天窗系统设有一系列雨水监测感应器，在不利的天气条件下能自动关闭以保护室内。但当火灾发生时，主监控系统发出信号控制天窗还原至开启位置。

图3-80　中庭天窗的遮阳百叶和采光井

四、采光井

倾斜通高的采光井穿透面积较大的楼体（南楼），使自然光更深地渗透进建筑物的内部空间（图30-80）。室内照明由智能系统控制，能感应自然光线是否充足而自动关闭人工照明来减少能耗。采光井边缘设置的景观平台为周边的空间增添品质，也使从街面上观眺的建筑景象更加引人入胜（图30-81）。

图3-81　从街面看采井

采光井的独到之处是创造了令人耳目一新的高层办公环境。从办公楼室内室外，居者游客举目可见螺旋上升的绿带携着树木虫蝶，在动人的光影中千变万化，分外有趣（图30-82）。

图3-82　从螺旋坡道处看采光井

五、生态单元

生态单元位于建筑东北角，是螺旋坡道的终端或起点。生态单元穿透直至地下停车场，将光线和空气带入地下层。它还是生物沼泽池系统的一个重要部分，收集屋面雨水用于植物灌溉（图3−83）。

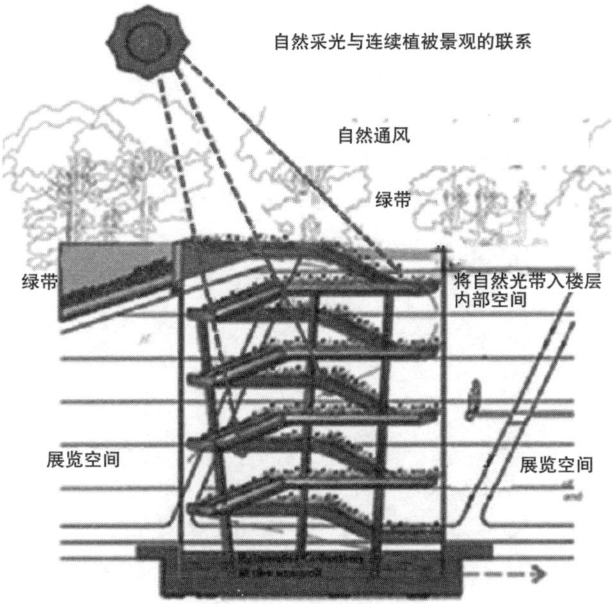

图3−83　生态单元概念

六、雨水收集灌溉系统

建筑的大面积景观区通过雨水回收系统进行灌溉。景观区内通过虹吸式排水系统进行雨水收集，然后储存在位于生态单元之下的底层主体集水箱，或屋顶的小型传输水箱。由于两个水箱的总蓄水能力超过400m^3，建筑的绿化种植区可完全依赖收集到的雨水进行浇灌。同时，施肥系统结合集水系统，在灌溉周期中维持所有绿化植物所需养分的正常供给。

七、气候应变性表皮系统

此项目的气候应变性表皮设计源于太阳轨迹的分析。新加坡位于赤道，太阳的运动轨迹几乎完全在正东正西方向上。在建筑物表皮的研究设计中，太阳运动轨迹的分析决定建筑各部分遮阳百叶的形状和宽度。遮阳百叶同时作为导光板来增强室内自然采光效果（图3-84）。

图3-84 遮阳百叶实景

遮阳百叶/导光板的设计是为了遮挡直射的太阳光以及隔热，使经过百叶过滤的柔和光线，均匀地渗透进室内空间。光感应器安装于所有租赁单元的周围，网络分布，一旦感应检测到自然照明光线大约等于500lux，将自动关闭幕墙周围的日光灯。建筑体外缘的螺旋式景观坡道、大悬挑、遮阳百叶和空中花园相结合，共同构建了可居、可赏、可游、可学的舒适的外围空间和微气候环境（图3-85）。

建筑的遮阳百叶的总线长超过10km。这些遮阳百叶在一些关键位置如建筑入口、空中露台处进行“拉提”，以彰显建筑体量和特色空间。

图3-85 典型的双层通高空中花园效果

八、景观坡道的绿化设计

螺旋景观坡道最小宽度为3m（图3-86）。除了种植区，还有一条与其平行、贯穿坡道全长的人行步道。这个步道连通从地面到屋顶的所有绿化空间，构建了一个名副其实的线性景观公园。坡道的种植区通过这条步道进行养护，无须另外征得允许从租赁空间接近坡道。

图3-86　螺旋坡道景观实景

为了保持建筑立面的优雅，避免建筑外观可能出现的厚重感，螺旋坡道种植箱的设计尽量减小其深度。这意味着无法为植物提供深层土壤，因而在选择绿化植物的品种上，要确保所选植物的根系适合水平扩展，没有太大的纵深要求。

九、阶梯状的屋顶花园

竖向线性的景观设计运用了层层叠叠、连接互动的屋顶花园和空中露台，这些花园既是建筑物的热缓冲地带，也是派对、社交、娱乐、休闲的活动空间（图3-87、图3-88）。使用者与自然互动、体验室外环境，还能远眺享受纬壹绿化园区的迷人景色。整个项目的景观绿化面积超过了基地原有的绿化面积，并且95%的绿化集中在地面层以上，成就了一个生机盎然的绿色空中花园。

图3-87　从阶梯状绿色屋顶上俯瞰纬壹科技园区

图3-88　十五楼屋顶花园实景

第八节　印尼回归自然的竹建筑：巴厘岛绿色学校

不少都市人总喜欢在周末、假日到郊外远足，拥抱大自然，或到田园做个假日农夫。景色自然如大浪西湾，对每天面对四面石墙的人来说，这已经是“世外桃源”。将来人们可能不止慨叹“安乐窝”难求，连大自然休憩的地方亦难求。暂未能远离烦嚣，不如幻想一下置身于印尼巴厘岛的自然环境——在岛上的一个热带丛林深处，20多幢竹楼掩映在绿树之中，爱咏河（Ayung River）从中静静流淌而过，初见者都以为来到了度假别墅，但这里却是一所让学生感受自然的学校，校名就是“绿色学校”（图3–89）。

图3–89　主建筑“校园之心”

绿色学校占地103 142.638m^2，位于岛上一个名叫西邦卡佳（Sibang Kaja）的村庄中，一片原生植物与可持续有机花园共同生长的茂密丛林里。该校园由环保主义者和设计师约翰（John）和辛西娅·哈代（Cynthia Hardy）创建。他们关注地球资源的枯竭问题，并提倡使用竹子作为建筑材料的替代品以保护热带雨林的木材。他们还建立了绿色学校分支机构：梅拉吉基金会（Meranggi Foundation），通过向当地种植水稻的农民提供竹子种苗来推广竹子的种植，并以创新或试验性的方式使用以证明竹材在建筑上的可能性。

校园使用了各种可替代能源，包括竹屑热水烹饪系统、水力涡轮机和太阳能板（图3-90，图3-91）。校园建筑包括：教室、体育馆、集会空间、职员宿舍、办公室、咖啡馆和浴室。

图3-90　建设中的校园鸟瞰

图3-91　竹建筑外的太阳能板

一、本土建筑特色

传统的巴厘式建筑，通常是指二到三代家族住的一个称之为“班家（banjar）”的聚落，由村民自行建设。传统的建筑为梁柱式结构系统，由木材或竹子充当非承重填充板，通常不使用钉子，而用木榫作为铆接元件，屋顶则由椰子和糖椰子树叶、阿郎阿郎草（alang alang grass）或稻秸秆做成的茅草覆盖。绿色校园的建筑充分理解和尊重了巴厘岛的乡土建筑特色，并进行创新设计，运用传统材料创造出现代空间。

绿色校园中有许多建筑，它们的体块与功能和选址直接相关。每栋建筑中外露的竹结构表达了竹结构建筑的艺术美感。建筑的屋顶是开放式的，极少墙和窗户，宽大的挑檐使室内空间免于倾盆大雨和炎炎烈日的困扰。屋顶同样了采用巴厘岛传统的茅草屋顶（图3–92），大多数巴厘岛的寺庙和宗教空间也采用了这种类似斗笠的茅草屋顶。

图3–92　茅草屋顶外观

二、景观

景观在校园中扮演了很重要的角色。绿色学校的教室位于校园的西侧，周围环绕着环保园地——巴厘岛的稻田和蔬果园（图3–93），这些园地由校园的学生和职员共同打理。学生们在园地中穿梭，种植各种为孩子们命名的瓜果蔬菜，加强了所有年级的孩子们的互动，并在劳动中获得植物学、生物学和作物栽培知识。

图3–93　校园周边稻田和蔬果园

每个园地有自己的耕作周期，孩子们可以从中观察植物幼苗的成长到成熟期，并体验新鲜采摘的整个过程。一些进行体育活动的开放空间靠近校园中心和体育场。在“Mepantigan”中心附近有一个巨大的泥浆水池为巴厘传统泥巴摔跤运动提供了场所。

三、建筑结构、材料和施工

在巴厘岛和印度尼西亚，到处都生长着竹子，它被广泛地应用于一些临时性建筑，如公共节日和宗教活动中的一些场所，然而，人们并没有将竹子作为永久性建筑的材料考虑过。在绿色学校中，竹子被以创新或试验性的方式使用以证明他们在建筑上的可能性。在东南亚各国，如中国和日本，竹子被用来作为地板、装饰屏风和其他一些非结构性材料。在一些案例中，竹子被用来作为木材的替代品或作为竹材集成材销往北美洲。

1. 材料与结构

绿色校园的材料选于自然，用于自然，从教室的一桌一椅、储物柜，甚至篮球架等，无一不是竹子。6间开放式教室，主要建筑“校园之心”（Heart of School）、咖啡厅、办公室以及连接爱咏河两岸的库库桥（Kul Kul Bridge）等组成了这个“竹子校园”。用巴厘岛竹子这种天然建材，是希望透过学校提升竹子的价值。竹子是印尼传统的自然资源，长期以来被视为价值不高的材料，其实经加工和设计的竹子很耐用，用作建筑材料的寿命可由原本1～2年，延长至最少25年。竹子外形很美，可以做成不同形状的家具。绿色校园取材于竹子，亦希望学生学习如何过绿色生活。

利用竹子建造房屋不同于传统的设计和建造方式。在后者中，建筑师和承包商通常各自行事，前者与美国绿色建筑委员会（U.S. Green Building Council，USGBC）的LEED项目管理系统更为接近，在这个系统中，代表不同利益的各方会通力合作。在用竹子建造绿色校园的过程中，来自世界各地经验丰富的建筑师、工程师、景观设计师以及环境、研发、学术专家齐心协力，共同设计和建造这个世界上最大最美的功能性竹材结构。此后，设计师创造了一个新的词汇，利用生长最快的“木材”进行设计和建造并形成具有更强视觉冲击力、更为宁静、更稳固、更引人注目的居住和商业模式。

竹子以其显著的柔韧性和强度而闻名，但这些特质也带有一些潜在的限制性，使其至今无法被广泛应用和诠释。因为收割和加工处理方面不彻底，竹材过去未曾有效地发挥它的作用，或者在诸如住宅和建筑物这类大型结构形式的建筑上进行商业化使用。竹材使用的一个首要限制因素是虫蛀，这在很大程度上导致了竹材没有被更广泛地接受。

因此当设计团队开始着手将竹材运用到住宅和商业建筑中时，即与世界一流的竹材设计师、工程师和工匠共同合作，合作团队也包括两位高科技跨国专家并利用他们的先进技术使竹材进入超级结构的领域。首先，设计团队测试了手中所有竹子的密度，并进行严格把控。生长3年后的竹子将达到它们最大强度并能承受巨大压力。为此，丹麦的一家专业密度测试器械公司向该项目提供了所有竹材的品控服务。机器不会说谎——人们无须再返回未成材的竹子。

设计团队也和力拓矿业集团（Rio Tinto）合作，他们提供了处理工艺中硼砂含量的测试方法。将竹子浸泡在硼砂溶液中，最终使得这些竹材经久耐用并能够防止木材中常见的虫蛀问题，这是对当地环境影响强度最低的方法之一。硼砂是一种世界各地广泛使用的矿物盐，被作为抗真菌化合物、赋形剂、阻燃剂等等。绿色学校建设过程中的硼砂来自美国和土耳其。

在设计过程中，因为竹结构自身难以置信的细节无法使用AutoCAD软件来表达和体现，设计团队研发了自己的方法。他们与业主合作，共同绘制方案。随后，模型制作人员在使用AutoCAD软件上机设计前用竹片精心建造了一个3D模型，交由竹材工程师来测试其稳固性，并根据工程师的评估对模型进行调整。一旦业主认可这一模型，即着手制作所有的细节结构模型，并耗费数个星期进行组装（图3–94）。

图3–94　建筑模型

这些先于AutoCAD图纸的结构模型，成为指导图和训练有素的建筑工人的施工图。一个5层住宅的屋顶或者绿色学校的“学校之心”建筑在2个月之内就能建成。目前，每个构件都是定做的，因此建筑室内和室外的细节是完全根据设计师和业主的要求量身定做的。人们可以用竹子做任何事情，整合了玻璃、岩石、铜和泥土来解决诸如隔音、保温的问题。

2. 施工技术

绿色校园由当地工匠和艺术家建造而成，实现了多种形态的建筑类型（图3–95～图3–97）。竹子不仅仅运用在完工的建筑上，还作为建筑的脚手架。低技装备和独创性用以建造大型复杂的空间，无须借助重型设备或起重机。

图3–95　不同类型的竹结构建筑1

图3–96　不同类型的竹结构建筑2

图3–97　不同类型的竹结构建筑3

绿色校园的设计团队由伊·莫里斯科（Ir.Morisco）教授带领——全球闻名的竹结构领域专家，日惹市（Yogyakarta）加札马达大学（Gadjah Mada University）城市和环境工程学院的结构工程实验室的领军人物。他的同事阿沙里·萨普特罗（Ashar Saputra）和英戈·伊拉瓦蒂（Inggar Irawati）在莫里斯科教授的指导下组成了该项目的结构工程小组。绿色校园的建筑类型是非常规的，鲜有先例可借鉴分析。设计团队通过计算机模拟，得到了建筑的轴向荷载、风荷载和地震荷载以确保其符合印尼的建筑规范。

四、绿色校园教育

绿色校园旨在激励学生努力学习，培养他们的创造性、有意识的可持续思维，鼓励学生、父母以及社区职员与自然的个性化联系。因此持续地保持这种联系在学生的性格形成期是至关重要的。6年前在准备建设绿色校园之际，创立者就致力于提供一个国际公认的学术教育，使学生将来具备造福社会的竞争能力。绿色学校提供了包括传统科目、创造艺术和绿色研究的课程，蕴含了经验、环保、创业能力的学习。竹建筑结构对这种教育模式起到事半功倍的支持作用，激发人们为提高可持续创新、学习能力和设计而努力。

绿色校园现有学生200人，来自包括印尼在内的40个国家，学生年龄从3岁到15岁，课程覆盖幼儿园到中学阶段。在绿色理念主导下，师生们习惯了没有空调的房间——那里气温并非热不可耐，习惯了不能冲水的便器——气味经处理不会过于浓重。学生还被要求饲养家畜、种植蔬菜，这些家畜和蔬菜最终会成为他们饭桌上的佳肴。

绿色学校的教室没有墙壁阻隔，突破传统建筑的空间感使学生与大自然更亲近，同时使人与人之间的联系更紧密。孩子可亲手为校园的泥砖粉饰，下田耕种接触农地，亦可种植竹子。数年后竹子便成为校园的一部分。学校着重于学生亲身感受的学习过程，让他们认识建筑与可持续发展的关系。学生亲自耕作、收割和预备食物，可学会尊重自然。

竹子是校园建筑的主要建材，也是绿色校园中每个学生日常生活的主要部分。绿色校园的校长每年将在“世界竹子日”与学生们共同度过，提高学生们对竹子这一未来自然资源重要性的认识。从“世界竹子日”开端——收割竹子开始，进而对其进行测量并及运送到加工厂，学习自然处理过程工序，了解一个结构模型如何演绎成建筑图纸，最后参观一个非常美丽而复杂的，由一组建筑师、工程师、技工和建筑工人组成的团队建成的竹子之家。这将是学生们的一段心路历程，为他们自己和后代做出了一份承诺。

五、结语

绿色学校在很多方面具有重要意义，但最关键的是它提出了人类绿色生活的方式。通过一系列当地材料建造的建筑和为紧随其后的需求预备更多原料（竹子）的计划，将教育与人类2025年要面对的挑战结合起来。

匠心独运的环保建筑设计，为绿色学校带来香港设计中心“2010亚洲最具影响力设计大奖”以及“可持续发展特别奖”两项荣誉。绿色校园的创立本身亦是一颗可持续发展的种子。希望让更多人认识这所学校，期望第二所、第三所或更多的绿色学校陆续在全球不同地方出现，只要创办者都抱着同一信念——以自身的资源去发展。让孩子回归自然，或许是放下手中的游戏机，或许是暂停双手也算不清的兴趣班，或许是在假日往郊外逛逛，学习欣赏自然环境这般简单。

绿色校园在竹材利用方面的努力，可能只是冰山一角，需要各方的合作推进技术发展，以及设计师和建筑师的亲密无间的跨界合作。该项目发起人亦成立了建筑公司“PT Bamboo”(一家以推动竹子作为主要的建筑材料，取代对雨林砍伐木材为目的的营利性设计和建造公司。)研发以竹子为建筑材料的应用。在未来世界的绿色设计中，尤其是在盛产竹子的中国，竹材将起着关键作用。在中国大范围地回归到竹材应用是非常有意义的，它集合了传统、历史、技术和未来的前景。不断发展的创造力和智慧使得上述成为可能，人们应该共同致力于未来竹子的应用。

第九节　越南低成本建筑：绿色三明治住宅

由于城市快速扩张和商业化的影响，很多新兴的亚洲城市正日益失去它们的地域特征，并趋向同化。人口过度增长还导致生活质量降低和绿化丧失。作为越南最大城市，胡志明市亦不例外。“绿色三明治”是建于2011年的一个典型的私人住宅项目，它为改变这种现状展示了可能性。

居住在胡志明市的市民有一个有趣的传统：他们热爱街道上到处是热带植物和花卉的生活。虽然生活在现代城市，人们仍下意识的向往繁茂热带森林的蛛丝马迹。“绿色三明治”住宅项目在建筑上体现了这种传统，利用排列如同水平百叶的种植槽来形成建筑的立面。绿色的建筑立面不仅为居民提供舒适的视觉感受，也改善了室内热环境，从而节约能源。再者，它也提高了周边环境的生物多样性。该住宅是一个典型的管式住宅，为一对30岁夫妇及他们的母亲设计的，建于一个长20m宽4m的地块上（建筑面积220m²，图3-98、图3-99）。前后两个立面完全由从侧墙挑出来的混凝土种植槽重叠而成（图3-100～图3-102）。种植槽之间的距离以及种植槽的高度根据植物的高度而变化，从25cm到40cm不等。为了方便浇水和维护，种植槽内还安装了自动灌溉水管。

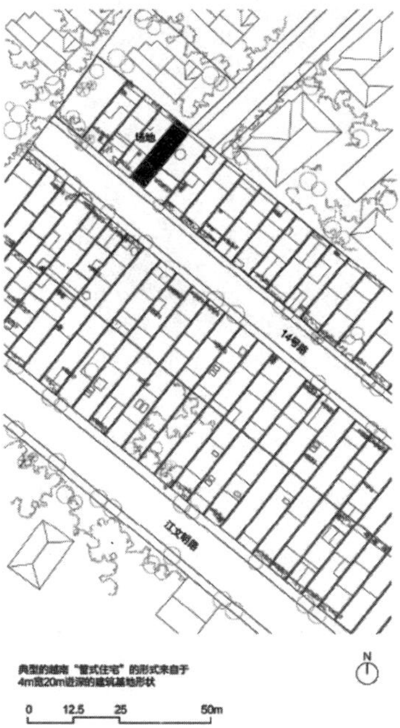

图3-98　场地总平面

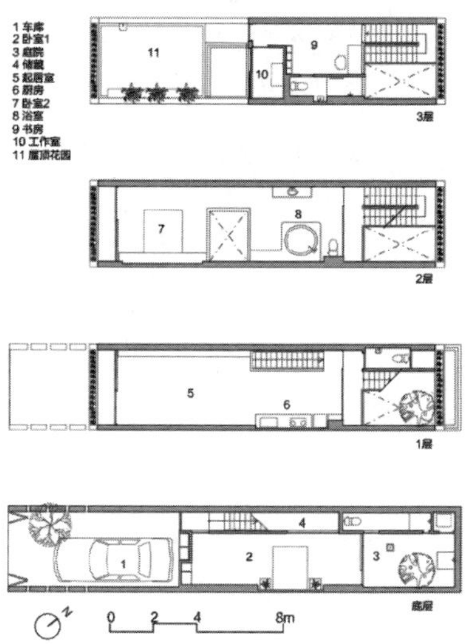

图3-99　住宅平面

图3-100　正立面

图3-101　绿色立面实景

图3-102　绿墙夜景

绿色立面和屋顶花园能够为居住者抵挡阳光直射、街道的噪声和污染。通过对使用中的室内环境监测，发现通透的建筑立面和两个天窗在整个建筑内部形成了穿堂风，而且在胡志明市严酷的气候条件下使建筑节约了大量能源（图3-103）。半开放的绿色墙面亦能够以友好而非侵略性的方式保证住宅的私密性和安全性，这对于城市中的居民而言是极为重要的。

在热带气候中，建筑的自然通风尤为重要，良好的自然通风能够减少能耗并形成舒适的室内环境（图3-104～图3-109）。通透的建筑立面和庭院可以尽可能多地把风引入建筑，同时“单间”的平面设计也有利于减少房间中不必要的隔墙。

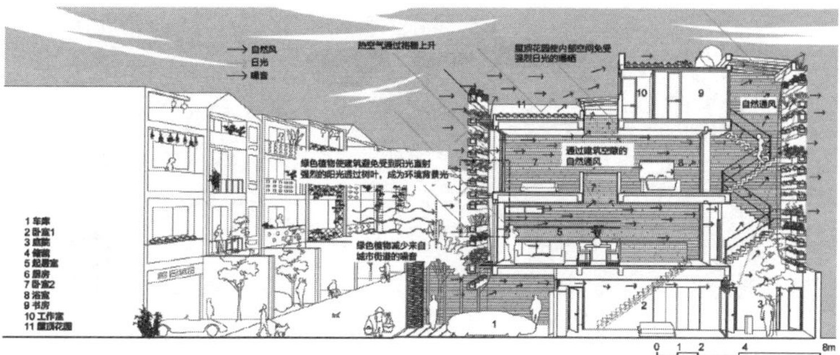

图3-103　通风和采光示意

图3-104　天窗

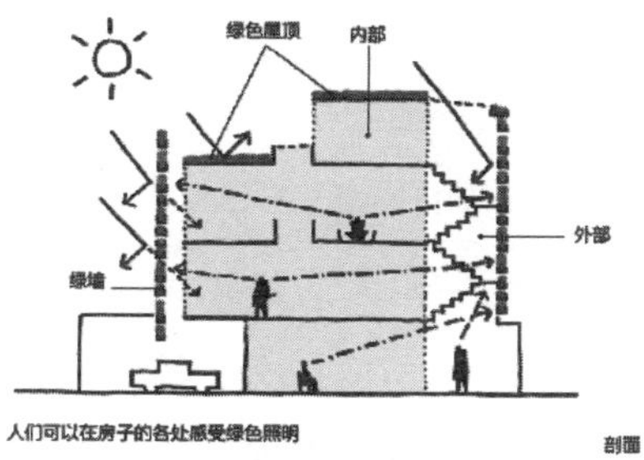

图3-105　剖面示意

图3-106　餐厅

图3-107　卧室

图3-108　起居室

图3-109　浴室

建筑立面由25个种植有不同植物的水平种植槽组成，十分有利于社区环境的生物多样性。“绿色三明治”住宅的绿色立面在街道中十分显眼，它将激发并鼓励城市居民把更多的绿化设置到他们的建筑中。该住宅在越南国内和国外都获得了媒体的广泛关注，而其生态理念也得到了有效的传播。

在该住宅建成1年后，其室内的自然通风得到监测以评估建筑设计的有效性。对住宅中11处位置的风速进行了测量（包括所有房间和庭院），并和室外同样高度位置的风速进行比较。测量的结果非常显著，结果显示，住宅内部形成了舒适的穿堂风。这从住宅使用者的行为中也可以得到印证，因为即使在热带气候的条件下（胡志明市的平均温度为28℃），使用者也极少开启空调。这要归功于自然通风和被动式设计手段。

“绿色三明治”住宅是一个相对低成本的建筑。单元造价为480美元/m^2，并且由于被动式设计手段的采用，住宅每月的电费仅为25美元。

第十节　中国贵州可持续策略与建筑的整合设计：清控人居科技示范楼

清控人居科技示范楼（图3-110）位于贵州省贵安新区生态文明创新园园区西南角，是生态园区的首栋示范建筑。整体建筑坐西向东，东西向贯通，建筑的东侧平台悬挑于景观大地形上，可东北向远眺园区内的海绵城市生态景观。

图3-110　清控人居科技示范楼透视

清控人居科技示范楼建筑集展陈和园区游客接待中心为一体，故在建筑功能定位上分为三大部分：大空间展陈区，对外接待会议区以及内部工作人员日常办公区。为满足以上三部分功能需求，建筑南北两侧分别设置了6组并排的轻钢箱体单元（图3-111），南北各两层。北侧为内部工作人员日常办公管理用房，外加茶歇及公共卫生间；南侧为对外接待及会议区。为改善南北两侧轻钢箱房空间的灵活性，局部去掉了箱体墙板，仅保留部分框架（图3-112）。南北两侧的轻钢箱体之间，拉开7m间距，作为两层通高的中部展示大厅。

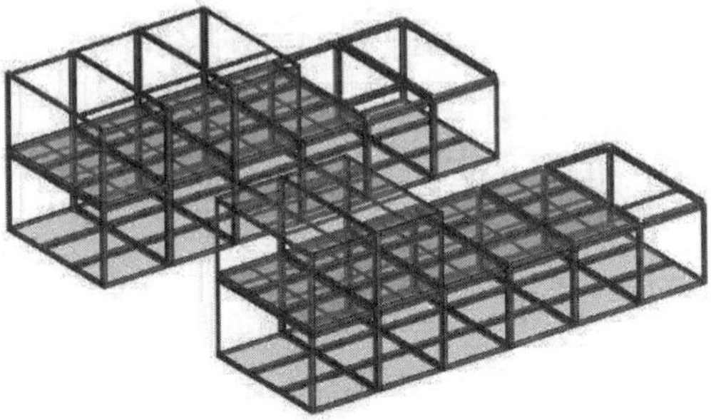

图3-111 轻钢箱体独立结构单元

图3-112 木结构两侧嵌套轻钢箱体

项目时间非常紧迫，正式设计启动在2015年1月中旬，要求在2015年6月26日生态文明贵阳国际论坛开幕前竣工并投入使用。

一、目标与定位

该项目是在贵安新区政府支持下，清控人居建设（集团）有限公司（以下简称“清控人居集团”）与英国建筑研究院（Building Research Establishment Limited，以下简称BRE）机构合作的示范项目，目标为建成符合英国建筑研究院环境评估法（Building Research Establishment Environmental Assessment Methodology，以下简称BREEAM）五星级标准的可持续示范建筑。

建筑自身的定位同样具有可持续发展内涵：实验性建筑——建立试验测试和追踪调研和研究的平台。建筑建成以后，将在发挥实际功能的前提下，作为生态规划与绿色建筑教育部重点实验室（清华大学）以及清控人居集团的实验平台，通过长时间不间断的建筑性能测试，以及与同区域同功能的对比建筑的比较研究，证实或者证伪各项设计策略以及具体技术措施与地域、气候、经济等条件的合宜性。如果比较符合地域、气候、经济的要求，则可以作为下一步贵安新区生态文明创新园新建建筑的策略和技术基础，在此基础上加以更新。如果不符合，例如采用策略和技术措施之后的建筑室内环境舒适度，没有在该气候的舒适区之内，也可以为下一步的建设提供第一手资料支撑的经验教训，避免在同类地区犯类似错误。

这一定位是通过和BRE中国负责人杰亚·斯甘达穆斯（Jaya Skandamoorthy）先生在贵安工地现场交流后逐渐确定的，并得到了清控人居集团的认可。因为只有规则的制定者和引领者才有这种学术创造的自由：任何一个案例，都应该是经验的累积和对已有规则体系的深入反思，而不是简单地盲从，为了达标或者星级认证，这可能会浪费最可宝贵的创造力。

二、可持续策略整合设计

1. 促进自然通风与采光的整体空间布局

贵安新区地处温和地区，常年受西风带控制，属于亚热带湿润温和型气候，夏无酷暑，冬无严寒，但湿度较大，全年平均相对湿度为77%。在过渡季及夏初夏末充分利用自然通风可有效提高室内环境的舒适度，缩短夏季供冷时间。因此，基于最大限度优化自然通风的原则，科技示范楼对功能和空间进行了整体布局。

科技示范楼采用南北朝向的双坡屋面形式，将两层通高的展示中庭置于中间，相对封闭的功能房间和区域置于南北两侧。在坡屋面高起的基础上，展厅的顶部被进一步拔高，并沿南北立面设置了通长的电动开启高侧窗，一方面加强了中庭的风压通风和热压通风作用，另一方面为展区塑造了更挺拔开阔的空间。南、北两侧的电动高侧窗可分别控制开启，根据不同季节的主导风向（春、秋、冬季盛行东北风，夏季盛行南风和西南风），开启背风面的窗户，形成风压通风。自然风通过南北立面的侧窗进入各个功能房间，在风压和热压作用的驱动下，经过门上方的通风窗进入中庭，最终通过顶部的高侧窗排出室外，从而促进建筑整体的自然通风。

2.围护结构优化——双层外墙围护体系

被动式优先为科技示范楼的能源设计策略。建筑虽然位于温和地区，但为提高室内的热舒适性，夏季采用地道风供冷，冬季采用生物质锅炉地暖和地道风结合的方式供暖，在此前提下，提升围护结构的热工性能可以有效降低建筑的冷热负荷。因此，本项目设计了双层结构的外墙围护体系，一方面提升了围护结构的热工性能，另一方面充分结合了外层表皮与建筑立面形象和展示功能，作为可持续技术和材料的直观表达。

科技示范楼的外墙围护体系主要包含两部分：位于内侧的基础墙体和位于外侧的附加表皮。内侧的基础墙体是分隔室内外环境的常规意义的外墙，完成了保温、防水等各种功能，其中一层采用了预制复合金属夹芯墙板，金属面层中填80厚岩棉，窗户采用双层中空Low-E玻璃。二层采用密肋木龙骨墙体，窗户采用三层中空Low-E玻璃。在上述外墙的外侧设置的附加表皮进一步提升了整体的热工性能。

3.可再生能源

（1）地道通风技术

贵安新区气候温和，适宜自然通风。在做好围护结构热工性能优化的基础上，本项目选择采用地道通风作为主要能源策略，可大幅度降低建筑的空调能耗。

根据科技示范楼整体的通风组织，南北两侧的功能房间的送风口设于外墙处，垂直风管沿玻璃幕墙与外墙间的空腔层到达送风口，新风通过封闭房间或开敞办公区后，经靠近中庭一侧的通风窗进入展厅，最后由拔高的中庭顶部天窗排出室外。中庭两侧的展示墙底部也设有通长的送风口，风管从中庭下方的架空设备层直接进入中庭。送风口和风管的布置尽量避免直接穿透预制的轻钢箱体模块，减少现场施工作业，建筑地上空间内部不布置水平风管，避免了对使用功能和室内效果的干扰。

（2）太阳能光电、光热与建筑一体化

与建筑一体化设计的太阳能光伏电板和集热器，位于顶部向南倾斜的风帽装置上方（图3-113）。风帽装置位于建筑顶部的拔高部位，复合多种技术与性能。除作为安装光伏电板和集热器的基座外，风帽主要起到导风的作用，有利于在背风面的高侧窗附近形成负压区，促进展示中庭的风压通风作用。同时，风帽也为带有倾斜角度的高侧窗提供了遮雨的作用。

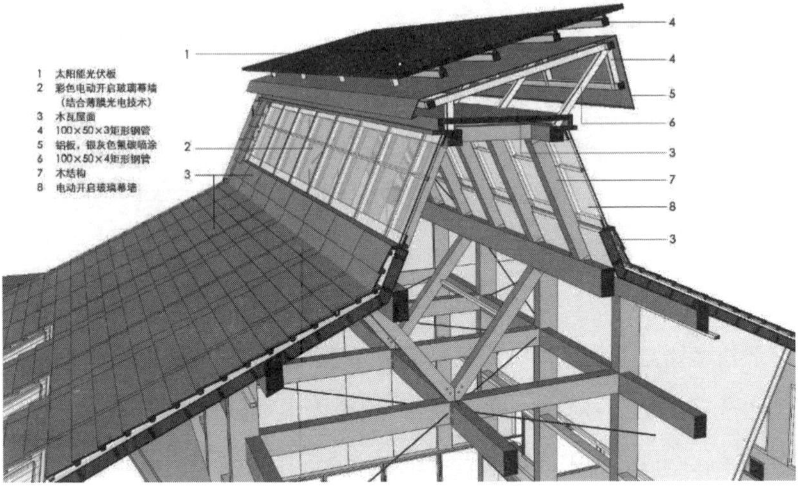

图3-113　风帽示意

南侧顶部的高侧窗复合了薄膜太阳能光电技术，并采用多种颜色的彩色薄膜光电玻璃，丰富了展示中庭的室内效果。科技示范楼探讨了太阳能光电光热技术与建筑结合的可能性，通过设计合适的装置使其成为建筑形象和空间的重要元素，而不仅仅是简单的附加技术设备。

（3）生物质锅炉地暖系统

贵安新区的冬季气温较低，在使用地道风预热新风的基础上，建筑设置了地板采暖系统，提高室内的舒适性，热源采用生物质颗粒锅炉，为产业化“再生林/秸秆—颗粒燃料制备—清洁锅炉使用”的循环产业试点提供潜在的可能。针对建筑结构和使用功能的不同，南北两侧的轻钢箱体采用模块化的干铺式地暖，荷载较小，并减小了现场施工工作量，中庭的展示区考虑到可能放置较重的展品，因此结合现浇钢筋混凝土楼面采用湿铺式地暖。

4.水资源的高效利用与回用

（1）生态景观结合雨水回用

贵安新区年降雨量达1136.8mm，相对充沛，适宜采用雨水回收及多层次利用等生态措施。因此，科技示范楼对南半侧的屋面雨水进行收集，汇水面积约200m²，并结合建筑西南侧的生态绿地设置模块化人工湿地。收集的雨水经人工湿地过滤后进入绿地下方的雨水存蓄罐，再通过消毒系统处理，最后作为南侧景观镜面水池的水源补充；当雨量较大时，存蓄罐内多余的雨水可通过溢流管外排到周边较低的生态绿地区域（图3-114）。以上过程均采用重力流方式，无须外加动力。建筑北侧绿地设计为生态凹地，北半屋面雨水收集后排放至此后自然下渗，周边的景观则以生态绿地为主，减少硬质铺装，西侧主入口广场全部采用透水铺装。

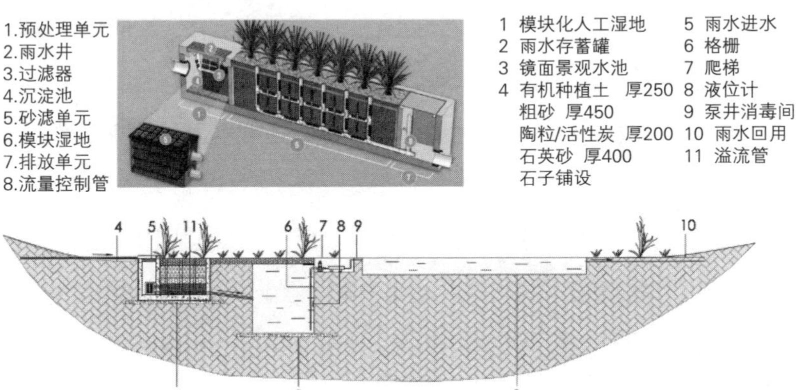

图3-114　雨水处理系统示意

（2）生态友好型给排水系统

科技示范楼采用污水废水分流系统，使用高效节水型源分离洁具，将粪便污水（褐水）、尿液污水（黄水）、洗漱及设备泄水（灰水）3种水质的污废水分别排出、处理及回用，实现节约用水和污废资源化利用。本项目采用市政给水和市政中水系统进行分质供水，充分利用中水等非常规水资源，同时设置智能漏水探测系统，对用水数据、水系统的稳定性进行监测。

5.可持续性建筑材料

科技示范楼的主体结构以钢材和木材两种可循环建筑材料为主，采用木建筑+轻钢箱体模块的混合结构体系，外墙和屋面主要采用木龙骨、欧松板、木瓦等木材制品。室内装修大量使用农作物秸秆制成的麦秸板，减少对森林资源的消耗。

混合结构体系可以最大限度地提高预制程度。两个系统相对独立，但共用相同的基础结构，既保证了结构的整体性，又使现场的交叉作业成为可能。这种高度的预制化和交叉作业方式大大降低了现场施工对生态环境造成的不良影响。

在注重先进的可持续技术的同时，深入挖掘本土材料和技术。建筑外立面主要采用具有地方特色的藤编板块（图3-115），将传统工艺材料和现代幕墙干挂体系结合起来，成为围护结构的性能化表皮。所有藤编均由当地的手工艺人完成，这是一次将本土的传统工艺转化为建筑部品应用的尝试。展示大厅及东侧室外观景平台选用当地盛产的青石板，地下架空层的北立面采用当地传统的片石砌墙，既增强了外墙的保温隔热能力，也展现了本土材料与现代工艺的完美结合（图3-116）。

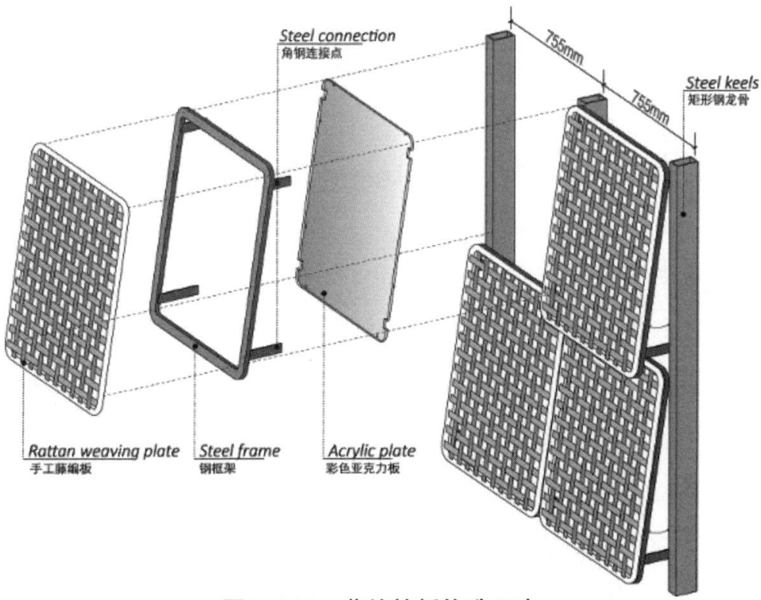

图3-115　藤编挂板构造示意

图3-116　本土材料的应用

6. 用于室内外环境的智能控制系统

科技示范楼结合室内外环境和能源管控设置了以下全面的智能控制系统。

（1）灯光控制：室内大厅灯、室外庭院灯、泛光灯的调光控制，所有应急照明灯的控制。

（2）空调系统控制：地道风风机、除湿泵控制，风阀和水阀控制。

（3）水泵控制：市政水池水位水泵控制、海绵城市水位水泵控制。

（4）室内湿度、温度和CO_2、PM2.5、照度、红外感应、网络视频、电动窗等监测，室外气象站。

（5）网络监测及APP控制：具有网络发布功能、APP控制功能。

7. 能源管控体系

根据使用功能的不同分区域设置传感器，对环境参数进行实时测量与记录，并通过后台算法对环境品质进行评价。从而实现：（1）地道风系统的送风机采用变频控制，通过室内舒适度的测量反馈结果对系统总送风量进行控制；（2）生物质锅炉地暖系统可人为调节各房间的室温，锅炉根据总热量需求控制启停；（3）对地道风系统、生物质锅炉系统、太阳能光伏、太阳能光热系统进行关键参数测量，并对建筑的用水、用电进行分项计量，最终通过实际用能数据对建筑的节能减排效果进行计算与评价。

三、结语

本项目自设计之初就结合贵安新区的气候特征，注重将可持续技术策略与建筑的功能、空间和形式进行整体化的考虑，避免示范性技术的简单附加和堆砌。因地制宜地选择被动式策略为主导，依据可持续设计原理对本土材料和技术进行重新挖掘，同时关注先进的技术发展，选择适宜的主动式技术，并将其与建筑的空间体验和形式表现积极结合。

贵安新区清控人居科技示范楼是建成BREEAM五星标准的示范

建筑，同时也是生态规划与绿色建筑教育部重点实验室和清控人居建设集团的实验平台，设计团队充分利用之前可持续建筑设计和建造经验，提出了并行系统快速建造，人文与技术结合，建造与运维平衡等可持续设计策略。

第十一节　中国台湾首座绿色魔法学校

中国台湾环保界最注目的焦点，号称世界第一座“亚热带绿色建筑教育中心”的“绿色魔法学校”（图3–117），2009年取得中国台湾“钻石级绿色建筑候选证书”的认证。它是台达电子文教基金会董事长郑崇华捐赠新台币1亿元、成大研究基金会出资6 000万元，同时募集台湾20多所企业捐赠最尖端绿色科技所共同打造的奇迹，已经于2011年1月正式落成于成功大学力行校区。

图3–117　“绿色魔法学校”外观

此大楼为地上3层、地下1层，楼板面积4 800m^2，内设一间300

人国际会议厅、6间中小会议室及行政研究办公室，成大研究发展基金会与成功大学博物馆现已进驻其中，其内部设置一间亚热带绿色建筑博物馆，俨然是一个充满趣味的建筑教育基地。2009年年底DISCOVERY频道在此追踪本工程3个月拍摄纪录片，并于2010年在全球各频道播出，引起国际媒体大量的关注。

以拯救地球的“诺亚方舟”为旗帜，由成功大学林宪德教授与石昭永建筑师设计的“绿色魔法学校”并不使用昂贵的高科技，而是以“适当技术”“本土科技”“四倍数效益”为号召，在设计初期预计要达到节能40%、节水50%、耐久100年的高难度目标。到了2010年年初，经过两年的努力，成大团队已经确定可以达成耗能密度43kWh/（m^2.yr）、节能65%的世界顶级水平。这辉煌的环保成果，以监测仪器与广告牌展示于本大楼中，其节能减碳的效益也将由实际用电用水数据来印证。此大楼将成为台湾绿色建筑教育训练的示范重镇，也将成为地球环保的教育基地。

把“绿色魔法学校”誉为“诺亚方舟”，是呼应环保名著《世界又热、又平、又挤》（*Hot, Flat and Crowded*）作者弗里德曼（Friedman，2009）所说的：“我们需要一百万个诺亚，一百万艘方舟，才能拯救这时代的全部物种”，因此设计团队把大量“船”的印象贯彻于此造型中。为了方舟的印象，“绿色魔法学校”的外观被打造成一艘星际大战的飞船。

这飞船屋面出挑很深，形成深邃的遮阳，可挡掉大部分进入室内的直接日射，因而可减少许多空调耗电。屋顶被做成阶梯状花园，花园上种满由中国台湾各地特选的景天科耐旱植物，强烈显现出自然生态与现代科技的对比。

一、野生花园

“绿色魔法学校”最引人注目的焦点，莫过于铺在屋顶上那一大片五彩缤纷的“野生花园”（Wild Garden）。所谓“野生花园”，就是一种节水、低维护、不施肥、无农药、模仿自然演替的粗放花园。由十数种耐旱植物中筛选出9种耐脊、耐风、耐盐、耐污染的多年生本土草灌木，来建构此“野生花园”。在色彩计划上，该项目特选出紫、黄、绿、红、粉红等五颜六色的草灌木，编织出一大片井然有致的彩色大衣（图3–118）。

图3–118　“野生花园”一景

减缓都市热岛效应、节约空调耗能，当然是屋顶绿化最被期待的功能之一，项目的热流实验当然也证实了此事。经过此屋顶花园冷却后，屋顶楼板室内最高表面温度可维持在32℃以下，亦即顶层空间全年几乎可不用空调，可减少莫大的空调耗电量。

“野生花园”以“淤泥再生陶粒”作为土壤（图3–119），利用陶粒的多孔隙高吸水性，来维持保水抗旱的功能。“淤泥再生陶粒”同时具有不风化、不分解的特性，它不像一些有机土壤有分解消失的现象，可永保屋顶园艺免于填补土壤的麻烦。这些特选的耐脊、耐旱、耐盐植物，刚好在这贫瘠、耐分解与多孔隙的陶粒上长得又慢又强韧，让最外行、最懒的人都可照顾出又好又壮的花园。

图3–119 “淤泥再生陶粒”是废弃物再利用的多孔隙材料（左为40倍微观照片）

二、100%使用绿色建材

“绿色魔法学校”最大的特点，在于获得许多环保企业捐赠最尖端的绿色科技，尤其是采用了100%的绿色建材设计。

“绿色魔法学校”甚至也是健康环保的魔法师。

“绿色魔法学校”除了极少数产品外，从玻璃、油漆到光电板，几乎都采用本土建材，这也是一种减少碳足迹的环境教育。

三、空调与吊扇并用系统

就像“野生花园”一样，“绿色魔法学校”也是一座最顺应自然的绿色建筑设计，除了最基本的自然通风开窗设计之外，特别引入长期以来被人们遗忘的吊扇设计，这样就可让办公室的全年空调时间减少九成以上。

该项目设定外气温大于31℃时才能使用空调，在27℃～31℃时只能使用吊扇通风，在27℃以下则打开窗户通风即可（图3-120）。问卷研究指出，此大楼所有人员均认为这种通风、吊扇、空调并用系统是健康又舒适的。同时这也证明了市面上全年恒温恒湿控制的空调方式是既浪费又不健康、不环保的。

图3-120　“绿色魔法学校”办公区空调与风扇通风并用设计

只要善用这种空调与吊扇并用系统，地球上大部分的办公建筑物约只需要一个月的冷房空调即可，空调节能可高达76％。吊扇空调并用设计的前提，必须同时设计细长与双向通风的建筑平面，这是数千年来建筑设计的常识，只是被空调设备与现代建筑造型所遗忘而已。

四、灶窑通风系统

“绿色魔法学校”最引以为豪的，就是以自然通风设计的大型国际会议厅——崇华厅，其秘诀来自一种古老的灶窑通风系统。让崇华厅在冬天可完全不靠电力，而达到舒适的通风环境。

灶窑通风系统在采自然通风时，新鲜外气由一片森林引入，不但可提供多变化的风速，其气流与物体的摩擦也会产生大量负离子，可带来愉悦无比的通风环境。

五、节能65%

“绿色魔法学校”如今已确信可以实现节能65%的目标在亚热带的建筑物基本耗能量就很小的情况下，且我们并没增加预算，也没有依赖太多昂贵的设备，笔者做了最严谨的耗能解析评估，把这13种节能技术分为3部分（图3-121）：①设计节能；②设备节能；③再生能源。第一部分是不花钱或少花钱，以建筑与设备的专业来达成的节能设计这部分总共可节能41.0％；第二部分是以高效率变频空调等方面的设备硬件节能，这部分总共可节能19.1％；第三部分是以太阳能与风力的“再生能源”部分，节能可达5.0％。

由这些节能成效可发现一种现象，那就是越简单、越自然的技术越具有节能效益。

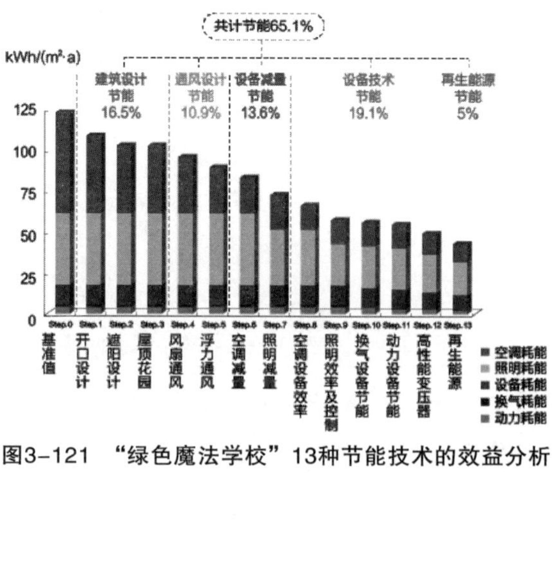

图3-121 “绿色魔法学校”13种节能技术的效益分析

六、迈向“零碳建筑”

然而，我们尚未满足于节能65%，因为我们想追求人类最高理想的“零碳建筑”。所谓“零碳建筑”，就是完全不使用地球能源、完全不排放CO_2的建筑物。“绿色魔法学校”利用“碳中和”的秘诀，亦即以造林增加光合作用来吸附建筑物排放CO_2来达到“零碳建筑”的目标。为此，成功大学特别拨出“绿色魔法学校”旁边$0.2hm^2$的绿地以及成大安南校区内$4.5hm^2$的边缘荒地作为永久造林之用，顺利达成“零碳建筑”的理想。

该造林措施既便宜又简单，它只是改变原有花钱的人工绿地，改成粗放杂生、自然演替的野生森林。许多人常误认绿色建筑是高科技的、昂贵的，但“绿色魔法学校”却强调“经济实惠”“适当技术”“本土科技”的口号。

为了地球环保教育，中国台湾第一座“零碳建筑”的“绿色魔法学校”所投下的建筑科学实验研究，例如音响实验、CFD模拟、风洞实验、耐旱植物实验等，已为中国台湾建筑科技史写下历史新页。目前，不但成功大学已经信心满满，连媒体界也引颈而盼，期待这艘“诺亚方舟”能顺利带动拯救地球行动的热潮。

第十二节 中国香港首座零碳建筑

为应对气候变化产生的不断增长的压力，中国香港近日制定了碳减排目标（到2020年，相对2005年碳排放强度降低50%～60%）。化石燃料是香港主要的能源，香港75%的电能来源于此，在燃烧化石燃料的过程中产生大量温室气体（GHG，Green House Gas）。

建筑耗能巨大并且是温室气体排放的主要来源，它占据着香港电能能耗总量的90%以及温室气体排放量的60%。因此，建筑物在温室气体减排方面既是挑战也是机遇。

建筑业在温室气体排放方面如此举足轻重，据此，作为香港建筑业协调机构的建造业议会（CIC，Construction Industry Council），制定出了一系列减排措施，并联合香港发展局，尝试了香港首座零碳建筑（ZCB，Zero Carbon Building）的开发，展示应对香港特别是夏季高热高湿环境下的先进的零碳/低碳建筑技术。

ZCB坐落于香港东九龙的九龙湾常悦道（图3-122、图3-123），整个项目占地面积14 700m^2（包括1 400m^{2}的零碳建筑用地和公共景观用地），零碳建筑本身的占地面积低于整个项目的10%，项目范围内的主要区域将用于建立香港首座城市原生态森林景观、生态广场以及一个宣传“一个地球生活圈（One Planet Living Loop）”的室外展览场地。

图3-122　零碳建筑透视效果

图3-123　零碳建筑鸟瞰

建筑有3层（含地下一层），包括展览区域、绿色家居展示以及绿色办公室（图3-124），依靠现场自主产能所减少的温室气体排放估计量值为8 250t（按50年设计使用期限），其能源效益比目前常规建筑高38%。而高比例的绿化有减缓了城市热岛效应。

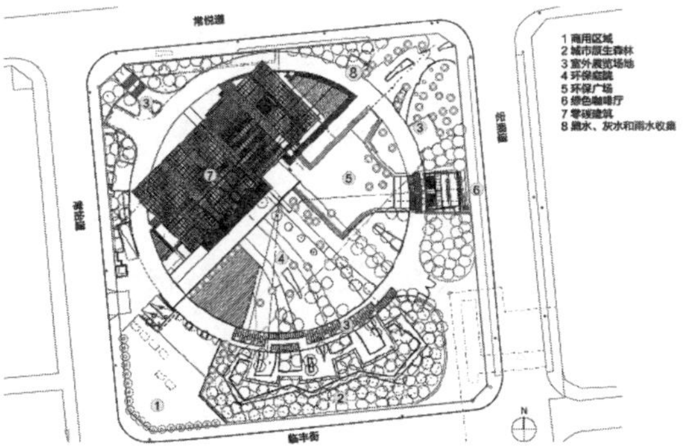

图3-124　建筑总平面

一、项目目标

零碳建筑于2012年完工，是一个向香港本地以及国际建筑行业展示先进的生态建筑设计和技术，并同时提升香港公众对可持续生活关注程度的示范性项目。

该项目将为当地建筑行业引进低碳相关实践知识和经验，同时还是一个具有实验性并不断变化发展的实例，鼓励建筑行业从业人员、其他行业的利益相关者以及全体社做出应对气候变化的积极回应。

零碳建筑将作为教育基地接受有组织的参观，推广可持续生活理念。建筑行业从业者将通过它了解最先进且最适应香港当地特点的零碳建筑的设计与建造技术；对于业界相关者来说，它将成为一个更新观念，促使零碳或低碳建筑发展的交流平台；学生及普通民众则能通过项目切身感受零碳建筑及周边生态空间环境和其可量化的益处。环绕建筑的室外景观也对公众开放，用于休闲和室外展示。通过日常行为、文化观念、市场活动，实践低碳和可持续发展的生活模式。

二、关键设计策略

该零碳建筑采用了针对香港当地的气候绿色建筑技术。结合建筑设计的被动式节能措施降低了建筑能耗负荷，力求在建造和运行周期内保证零碳排放。把现场通过利用可再生能源产生的电能并入市政电网来平衡自身能耗及碳排放，是通常的零碳建筑的实现方式。但事实上，该建筑却超越了常规零碳建筑的定义，它产生的能源不仅能够完全平衡自身运行需求，还能抵消自身所用建材生产和运输过程中产生的碳值。其产能方式主要通过太阳能光伏发电以及利用废食油制造的生物柴油来发电（图3-125）。

在设计方面，通过采用全生命周期分析（A Life Cycle Analyses，LCA），使得建筑总体能耗降低40%（20%通过被动式节能手段获得，20%通过高效的主动节能系统获得）。

模块化的单元式设计使得建筑能够灵活应对未来需求变化。室外景观区则强调了与周边环境的联系，在最大限度降低环境负荷的同时提升城市绿洲的品质。本项目还将建立香港首个城市原生态森林。

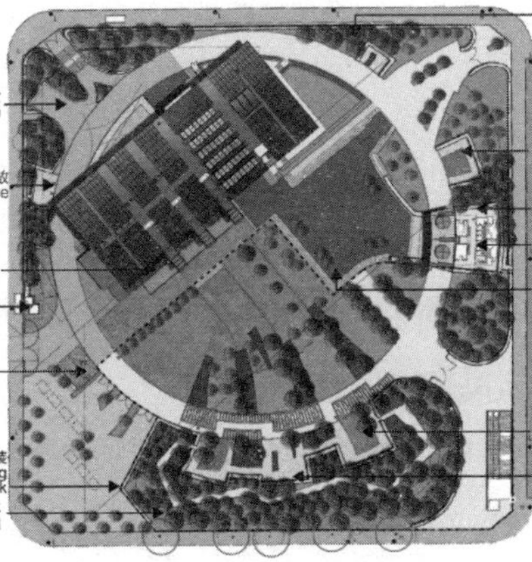

图3-125　零碳建筑场地设计策略平面

1. 优化建筑朝向与体型

建筑的朝向与体型显示了对其所在地气候的积极回应。

自然通风：建筑东南立面造型尽可能扩大了建筑特别是夏季对自然通风的利用，同时，其整体造型也提升了背风面负压区压力，以便进一步加强拔风效果。

烟囱效应：展示区和多功能厅室内进行通高处理，从而通过拔风作用大大强化通风效果；

遮阳：通过斜坡式剖面处理，使南立面面积减小的同时北立面面积增大，进而降低了南向太阳辐射得热。东南立面的45° 的出挑，能有效遮挡夏季日照；

自然采光：斜坡式造型增大了自然光经由北向天窗向室内的漫射；通过倾斜屋顶、光格栅、光导管以及大面积的北向立面，利用自然光提高室内亮度，可减少70%光能耗；

太阳能辐射：渐渐升起的斜坡屋顶（17° ～20° ）使太阳能光伏板能最大限度获得太阳辐射；

与室外景观相结合：坡向室外景观的斜坡式屋顶很好地协调了室外景观与建筑体量。

2. 建筑通透性

入口/门厅以及临时展览区不设置横向隔墙（图3–126），通透的空间形式促进了建筑通风，同时也对城市微气候环境产生了影响。该零碳建筑全年30%的时间采用自然通风（包括多功能厅与门厅的烟囱效应）。天花板上的吊扇也对节能有所贡献，它们将使用空调的临界温度提高了2℃。

图3–126 建筑室内效果

3. 遮阳及外围护结构

通过外遮阳以及高绝热性能的玻璃，进入建筑的太阳辐射被削减。针对各个立面的设计策略是在优化自然采光以及景观视野的同时阻隔阳光辐射进入室内。

外围护结构的气密性在香港这样的高湿地区对于零碳建筑的实现至关重要，良好的气密性能够阻止潮湿空气进入室内，从而降低空调的除湿负荷并缩小空调系统规模，改善冷凝现象。高性能围护结构，降低了40%的建筑幕墙得热量。

展览空间以及多功能厅的存在使得建筑空调负荷发生波动，置于以上空间中的裸露混凝土材料作为蓄热体发挥了调节温度的作用：在人流密集时段吸收过量热辐射，并在空间闲置时通过自然通风将吸收的热量释放。

4. 可再生能源制造及使用

生物柴油则是一种可再生能源。通常情况下，利用废弃食油降解所形成的沼气作为能源不仅比燃烧传统化石燃料排放更少的CO_2。因此，利用废弃食油降解所形成的沼气作为能源不仅比燃烧传统化石燃料排放更少的CO_2，而且能够避免掩埋处理废气食油导致向大气释放甲烷气。

ZCB首次在大型的热电冷三联供系统中使用生物柴油燃料，与通常的利用市政电网电能的系统相比，该三联供系统能源效益高达70%吸附式制冷/干燥剂除湿技术；

ZCB每年产能值145MWh（建筑年平均能耗值130MWh，绿化带年平均能耗值15MWh）；大规模使用了太阳能光伏系统并与天窗一体化集成，太阳能光伏硅晶板总面积1015m^2（其中80%置于建筑屋面）；发电量80MWh/年（超过建筑能量需求的60%）；太阳能热水系统为生态咖啡屋供应热水。此外，ZCB还展示了新型产品——超轻圆柱式太阳能薄膜电池。

5.景观区节能策略

（1）通过地道冷却系统对进入建筑的空气进行预冷；

（2）绿化覆盖率超过60%，能有效削减城市热岛作用；

（3）都市原生态森林以促进区域生物多样性，并降低区域耗水及水环境维护成本；

（4）平衡场地开挖及回填，降低开挖土方的废弃量；

（5）构建人工湿地，用于中水及雨水的过滤净化；

（6）使用低蒸发的节水滴灌系统；

（7）使用可回收材料用于地面铺装，使用FSC（FSC，Forest Stewardship Council）木材和废弃的建筑垃圾修建石笼种植墙壁。

三、结语

ZCB项目旨在达到绿色建筑环保评核体系BEAM Plus（香港建筑环境评估标准）认证的最高级别，即代表建筑环境表现最佳的级别。

作为香港首座零碳建筑，现场产能系统可供给建筑能耗需求，且多余的能量可并入市政电网，实现了碳中和的目标；通过生物燃料三联供系统以及太阳能光伏系统产生的能量多于建筑本身及景观区的需求，且性能高于通常的零能耗建筑——自身制造的能量能够抵消生产建筑材料及运输过程所需能耗量。通过建筑的智能综合管理系统对建筑各项性能进行实时监测。

ZCB的公共景观，包括香港第一个城市原生态森林，大于60%的绿化覆盖率，有效地削减了热岛作用，改善周边的微气候质量。在废物利用方面，大规模地将废弃食油转化为生物柴油，能量利用效率高达70%，远远超出通常的40%，实现了变废为宝，并使用低碳值并可循环利用的可持续建筑材料。

ZCB将对公众开放，目标年接待量为40 000人次。作为示范项目，其将激发公众及建筑行业人员采取积极碳减排措施以及走可持续生活发展道路的热情，也是多项最先进的设计及技术（其中一些尚属在香港首次运用）的实验基地。灵活可变的设计，满足了生态建筑技术日新月异的飞速发展以及需求的不断变化。

第四章

想一想：绿色建筑的未来

第一节　绿色建筑的发展动态

绿色建筑包括节能、节材、节地、节水以及可持续性和环境等诸多范畴，因此其未来的发展道路在不同领域有不同的发展方向。从能源与环境角度出发，近零能耗是我国建筑节能与绿色建筑发展的主要目标。中国也在积极探索适合国情的“近零能耗建筑”发展路线，“近零能耗建筑”将引领建筑节能的发展，从而进一步提升新一代绿色建筑技术水平。“装配式建筑+近零能耗建筑”也首次列入国家“十三五”课题中。另外，在不断追求节能的过程之中，还出现了产能建筑。

一、近零能耗建筑

人类面临着严峻的环境与发展问题的挑战，而我国在当今高速城镇化的进程中能源和环境的矛盾也日益突出。绿色建筑将节能减排作为重要的评价指标之一。随着可持续发展和低碳的概念深入人心，在欧美发达国家，近零能耗建筑已经成为建筑行业节能的最新发展趋势。

1.概念辨析

关于建筑节能有一些相似但不同的定义，主要有低能耗建筑和超低能耗建筑、近零能耗建筑、净零能耗建筑及被动房等。

低能耗建筑（low energy building/house）是指在特定时期内，其建筑能耗比现行建筑节能标准降低25%~30%的建筑物；超低能耗建筑通常指在特定时期内，其建筑能耗比现行建筑节能标准降低50%~60%的建筑物。

近零能耗建筑（nearly zero energy building）一词源于欧盟。由于欧盟成员国经济不平衡、气候区跨度大，欧盟的《建筑能效指令》（修订版）（Energy Performance of Building Directive recast，EPBD）定义近零能耗建筑为具有非常高能效的建筑，以各国实际情况为基础、以充分考虑节能技术成本效益比为前提，并没有统一明确的量化节能目标。对于近零能耗建筑，欧盟各国也存在不同的具体定义。如瑞士的近零能耗房（Minergie，也称迷你能耗房或迷你能耗标准），要求按此标准建造的建筑其总体能耗不高于常规建筑的75%（即节能25%），化石燃料消耗低于常规建筑的50%（可理解为节省一次能源50%）；再如意大利的气候房（climate house，casaclima），指建筑全年供暖通风空调系统的能耗在30kWh（$/m^2·a$）以下。近零能耗建筑的设计技术路线为强调通过建筑自身的被动式、主动式设计，大幅度降低建筑供热供冷的用能需求，并达到能耗控制目标绝对值的降低。欧盟于2010年7月9日发布了《建筑能效指令》（修订版），要求各成员国确保在2018年12月31日起，所有政府持有或使用的新建建筑为近零能耗建筑；在2020年12月31日起，所有新建建筑为近零能耗建筑。

净零能耗建筑（net zero energy building）一词源于美国。2015年9月，美国能源部发布（净）零能耗建筑（zero energy building）官方定义：以一次能源为衡量单位，其全年消耗能源小于或等于在线可再生能源产生能源的节能建筑。在《建筑技术项目2008—2012规划》中提出，建筑节能发展的战略目标是使零能耗住宅（zero energy home）在2020年达到市场可行，使零能耗建筑（zero energy building）在2025年可商业化。零能耗住宅指通过与可再生能源发电发热系统连接，建筑物每年产生的能量与消耗的能量达到平衡的低层居住建筑。零能耗建筑则既包括零能耗住宅，又包括中高层居住建筑和公共建筑，其技术路线为使用更加高效的建筑围护结构、建筑能源系统和家用电器，使建筑物的全年能耗降低为目前的30%左右，由可再生能源对其供能。净零能耗公共建筑（zero net energy commercial building）于2007年12月在美国通过的《能源安全与独立法案》（Energy Security and Independence Act，ESIA）中被提出并定义为：良好设计、建造和运行的高性能公共建筑，可以最大限度地降低能源需求，使用不产生温室气体的能源供能即可达到能量供需平衡，不对外界排放温室气体，经济可行。通过推动净零能耗公共建筑倡议（Zero net energy commercial buildings Initiative），到2030年，所有新建公共建筑达到净零能耗状态；到2040年50%的公共建筑达到零能耗；2050年所有美国公共建筑达到净零能耗。

被动房（也称被动式房屋、被动式住宅，passive house）一词源于德国，由德国被动房研究所（Passive House Institute）拥有商标知识产权，是近零能耗建筑技术体系之一。被动房并无明确定义，其技术路线为通过大幅度提升围护结构热工性能和气密性，同时利用高效新风热回收技术，将建筑供暖需求降低到15kWh（/m^2·a）以下，从而可以使建筑物摆脱传统的集中供热系统。由于中德建筑节能合作的特殊背景，被动房一词在中国传播的比较广泛。与被动房概念类似，德国专家也提出了无源建筑（energy autonomous house，也称self-sufficient solar house）、三升油建筑等相近定义，其他国家专家也提出了主动房（active house）的概念，强调通过日光照射和蓄能，而不是增强保温，增加冬季室内舒适度。

虽然以上各种定义尚不统一，但目标是一致的，即通过建筑被动式、主动式设计和高性能能源系统及可再生能源系统应用，最大幅度地减少化石能源消耗。从定义涵盖范围看，被动房隶属于近零能耗建筑，其核心内涵为通过被动式手段达到近零能耗；净零能耗建筑较近零能耗建筑更增加了智能电网、分布式能源等概念，强调建筑产出的能量大于消耗的能耗，其实质与零能耗建筑、产能建筑内涵一致，与中国传统意义的建筑节能有所不同。

欧洲通过各国顶层规划立法确定发展目标，配合技术进步和财税政策，推动零能耗建筑；而美国通过商业手段推动技术进行、降低技术成本，使零能耗建筑逐步实施。虽然各发达国家的目标和时间进度有所差别，但都是逐步实现近零能耗，最终达到零能耗。其规划目标和技术路径通常情况按照优先低层居住建筑、随后多层、高层居住建筑、最后公共建筑的时间表进行。

2.对我国“近零能耗建筑”未来发展展望

“近零能耗建筑”由于其超低能耗、高热舒适等特点，越来越受到我国的广泛关注。与欧美国家相比，在中国发展近零能耗建筑应从两个方面考虑。一方面是中国国情，我们是发展中国家，经济条件和生活水平相对比较低，室内环境的标准也比较低，因此需要在不断提升室内环境的情况下推动近零能耗建筑。另一方面，我国建筑的特点，包括指标体系、气候条件、生活习惯、传统文化等与欧美国家相比也具有较大的差异。我国建筑能耗特点为相对低舒适度和低保证率下的低能耗，且不同年代的建筑能耗差异较大。具体到我国不同的气候分区和实际用能习惯，应该尽快制定适合中国国情的“近零能耗建筑”标准体系。考虑到中国节能减排工作的新要求，以及建筑节能标准体系、建筑节能产业支撑水平、自主知识产权和经济发展的现状，中国应借鉴国际建筑节能标准发展的经验，继续提升建筑节能标准，满足中国节能减排要求，不断提升建筑节能水平，将近零能耗建筑作为中国建筑节能工作的发展方向。发展近零能耗建筑还需要产业升级换代，满足市场的需求，充分考虑现有节能技术和产业支撑能力，促进产业升级。需要尽快出台行业技术指南或导则，从而科学评估既有和新建的“近零能耗建筑”。需要通过制定中长期目标，遵守市场规律，有序推广、认证“近零能耗建筑”，促进其在我国的健康发展。需要通过降低其相关成本、提升性价比及扩大规模等措施推进“近零能耗建筑”市场化。从长远看，随着可再生能源利用和分布式能源应用将进一步提高节能水平，逐步在适当范围内推动近零能耗建筑迈向净零能耗建筑。

图4-1 “汉堡之家”

2010年上海世博会的“德国汉堡之家”是中国引进的第一座经过认证的“近零能耗建筑”。“汉堡之家”（图4-1）的外形如同向4个方向打开的抽屉。通过一系列可再生能源如太阳能的使用，实现建筑能源供应的自给自足和零废气排放，结合上海的气候特点，创造出相对隔离的空间，无须采用任何取暖设备或空调就能保持舒适的室内温度和环境，整栋建筑运营耗能将比传统建筑减少90%。被动式能耗住房在能量利用效率方面的重要特征是通过调节空气循环系统进行采暖和制冷。这套空气调节系统的制冷负荷低于25kWh/（m^2a），采暖负荷低于15 kWh/（m^2a）。该系统能够满足上海在炎热潮湿的夏季对于持续制冷的需求。“汉堡之家”的外部表面相对较小，这是使得该建筑在冬季热损失较小，而夏季温度保持比较适宜的主要原因之一。另外，获得高能效至关重要的措施是建筑围护结构有良好的气密性和保温性能。建筑外墙是绝缘密封的，空气通过一套通风系统进行室内室外自由流通，配合新型建筑材料，冬天将采集地热，夏天利用地下水降温，从而使室内气温常年保持在20℃，不需要空调和暖气。外立面大小不一的红砖耐风雨、自净、隔热，每扇窗的位置、大小、太阳照射的角度和形成的阴影都经过精密计算。东、南、西三个立面上安装有自动化窗，可以根据光照自动开闭。对于被动式低能耗建筑来说，应尽量使冬季热量损失以及夏季热量进入降到最低。基于这样的考虑，“汉堡之家”在东、南、西三个方向上使用了厚重坚实的立面围护形式。具有高透光性能的玻璃幕墙与窗户都朝向北面，可以在防止热量进入室内的情况下最大限度进行采光。玻璃幕墙进一步增大了室内采光。其余的窗户则配备了专门的遮阳装置，可以根据太阳角度进行调节，能有效遮挡70%的阳光。窗户面积根据室内达到最佳自然采光的要求而定。夏季室内温度能够恒定地维持在舒适的26℃。此外该建筑也采用了多种节能技术。

二、预制装配式建筑

“装配式建筑”或者“预制建筑”，基本上都是“预制装配式建筑（Prefabricated Building）”的同义称谓。“预制（Prefabricate）”本身并不是新术语，早在1932年就已出现于韦氏词典，并具体定义为：“在工厂中制造部品，以便在建造中以装配、连接标准化部品为主。”因此，预制装配式建筑包含着对建筑整体或部品进行“场外预制（Off-site Prefabrication）”的生产方式与“场内装配（On-site Assembly）”的建造方式的双层基本含义，是对传统的将全部或者大部分建筑材料的加工、组合、建造集中于现场完成的营建方式的一种剥离与转变。因此，对装配式建筑的初步定义是：通过采用先进的工业化生产模式与加工技术，在施工现场之外对全部或者大部分构件进行预制造，再通过物流运抵到现场后，进行快速装配与精确拼接的建筑物及其产品。

基于这种定义，装配式建筑的原型最早可溯源到17世纪末的英国殖民扩张时期海运至殖民的预制木结构建筑。又如19世纪约瑟夫·帕克斯顿（Joseph Paxton）利用预制铸铁构件与平板玻璃建造的水晶宫（Crystal Palace）更是建筑工业体系的里程碑。但考虑到当下建筑工业的技术水平与发展现状，早期装配式建筑案例的借鉴意义十分有限。目前比较常见的预制装配式房屋主要分为：预制钢筋混凝土结构、预制轻钢结构、预制集装箱房屋。预制装配建筑作为重要的建筑工业化形式，因节省资源与环保等各种优势，越来越受到政府重视和全社会欢迎。现场作业无粉尘、噪声、污水污染，可以使施工能耗减少约

20%、节水约80%、节能70%、节材20%、节时70%、节地20%，实现了建筑业的“五节一环保”，对于推进节能减排和绿色建筑具有重要意义。然而总体而言，我国装配式建筑的发展仍处于初级阶段，其所占比例和建筑规模还十分有限，且技术体系不够成熟，质量管控有待提高，存在各地区发展不均衡、工业化加工技术还不成熟等问题。

当前建筑产业转型升级已经成为我国建筑业发展的必然趋势。2016年9月，国务院出台《关于大力发展装配式建筑的指导意见》，提出“力争用10年左右的时间，使装配式建筑占新建建筑的面积比例达到 30%”。由此可见，大力发展装配式建筑已上升为国家战略性发展重点。我国应积极开展自主研发创新，以促进装配式建筑设计、技术水平的提高。

在当前绿色发展的背景下，清华大学的宋晔皓团队从2010年开始，展开对近零能耗轻质装配式建筑的相关研究，建立了“设计—实践—测试”的反馈式研究路径，并将研究成果落实在已搭建的4个轻质装配式实验平台，包括：北京动物园装配式水禽馆、清华大学O-house零能耗模块化住宅、贵安清控人居科技示范楼以及北京旭辉可持续示范楼。研究团队对建筑性能表现的关注，贯穿于整个设计流程。

以贵安清控人居科技示范楼的表皮系统为例（图4-2），其在设计阶段，选用双层表皮系统（呼吸式双层玻璃幕墙+藤编双层表皮）以动态化地应答当地温和的气候特征；在实践阶段，将双层表皮系统与轻质装配式建筑系统（装配式轻钢箱体+装配式木围护）深度整合，在运行阶段，则通过对表皮的合理操作，获得良好的室内舒适度。建成后，研究团队在冬、夏、过渡季对该建筑的光、风、热湿等物理环境进行性能实测，其反馈数据不仅验证了前期设计策略的有效性，还为搭建后续实验平台积累直接经验，完成了轻质装配式系统循环开发的“闭环”流程。例如，在2016年过渡季（无采暖与制冷），当室外温度较低时，表皮的“保温”状态能明显提升室内热环境的舒适度与稳定性；而当室外气温较适宜时，表皮的“通风”状态亦可迅速将外部良好的气候条件引入内部空间，从而实现对表皮的气候应答（图4-3）。

图4-2　清控人居科技示范楼的双层表皮系统

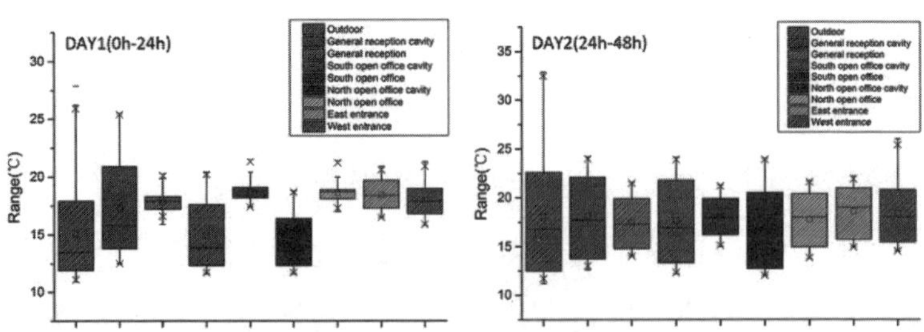

图4-3　过渡季室内保温与通风状态下的热湿环境

三、产能型建筑

产能型建筑（Energy Plus House）是指一年建筑所消耗的一次能

源及终端能源均为负值（ $\sum QE<0kWh/m^2a$ ）。也就是建筑所产生的能量超过其自身运行所需要的能量，这是一种新的建筑类型。产能型建筑类似于零能耗建筑，但更有优势的是，相较于传统能源（电能、天然气等）能利用可再生能源产生更多的能量。例如通过建筑本身安装的太阳能光伏发电和热泵设备，产生建筑供暖、热水、生活用电、照明等所需的能量。

1.发展现状

德国是一个非常注重建筑节能研究的国家，早在30年以前就已经将建筑一次能源消耗最高标准的要求写入法规。德国住宅节能概念的发展大致经历了太阳能住宅、低能耗住宅、被动式住宅、零能耗住宅与产能型住宅等几个阶段。从简单地加强保温措施，过渡到综合考虑被动式设计，再发展到利用智能化技术控制整合多种主动式可再生能源系统，共同完成提高建筑低碳节能效果的目标。

最早实现自身产能多于用能的建筑为1994年由建筑师罗尔夫·迪施（Rolf Disch）设计建造的德国弗莱堡（Freiburg）的太阳小区（Heliotrop）。小区内的树屋（图4-4～图4-6）可以转动以适应冬、夏两季对热量的不同需求。太阳能小区于2000年落成，其他建筑均为2～3层，第一次将当时最先进的被动式建筑节能技术及太阳能光伏发电技术相结合，光伏板产生的电量超过居民所需，多余的电量并入了国家电网。

图4-4　德国弗莱堡太阳小区树屋向阳面

图4-5 德国弗莱堡太阳小区树屋背阳面

图4-6 德国弗莱堡太阳小区树屋鸟瞰

2007年，在德国联邦政府交通建筑与城市发展部（Bundesministerium für Verkehr，Bau und Stadtentwicklung，BMVBS）资助的“未来建筑”（Zukunft Bau）研究项目框架下，达姆斯塔特大学（Darmstadt University）的太阳能十项竞赛（Solar Decathlon）建筑设计方案提出了产能型住宅的概念，并在全德国巡回展出（图4-7）。以此为基础，德国联邦政府开展了另一项“产能型住宅与电动汽车”的研究。第一个建成的示范项目在柏林，项目的目标是实现建筑的碳中和、高新技术与建筑的结合以及建立一个研究和对话的平台。德国联邦政府还希望以此为契机，做好今后为该类项目设立统一标准的准备。如今，该研究已在全德国建造了一批示范项目，研究人员从立面创新、照明节能、能源管理、低温热系统、可再生能源利用、电能存储、电力汽车等7个方面做了相互比较。这些项目的运行监测数据均实时上网，实现数据共享。

2012年3月，研究团队将一栋拥有40年历史的既有建筑改造成为产能型建筑。而在当地，仅在莱茵美因河地区就有类似的建筑1万~1.2万栋，因此这个项目采用的技术在当地有相当大的应用潜力，这个建筑也将作为其他改造项目的样板。

(a) 竞赛住宅外景

(b) 竞赛住宅室内

图4-7　2007年太阳能十项全能竞赛达姆斯塔特大学方案

2.产能型建筑案例

（1）柏林产能型住宅F87

产能型住宅加电动汽车的第一个实际建造项目F87（图4-8）于2011年完工。它位于柏林市中心离柏林工业大学不远的地方，从规划到建造只用了一年的时间。通过这个示范项目，试验和检测了各种不同的节能技术和组件的综合协同使用性能。为了全面测试研究目标的功能性并积累日常使用的经验，研究人员安排了一个4口之家居住在其中，并进行为期12个月的实测观察。节能领域的最新技术成果集中体现在这个建筑面积187m^{2}的小住宅上。地源热泵、屋顶以及外墙表面上的太阳能光伏系统为建筑产生热能与电能。发出的电能被储存在高性能电池中使用，并为电动汽车提供能源，体现了“我的家——我的加油站”的设计理念。富余电力则并入公共电网，使住宅成为一个独立的小型发电厂。设备室则是整幢建筑的技术核心，居住者可以通过触摸面板和智能电话控制整个系统。

建筑的空间布局分为3个层次：朝向道路的入口平台带有建筑性能监测数据的展示橱窗，同时也是电动汽车停车和充电的场所；房子的中间部分是设备室，或者称为“能源核心”，包括了所有的技术功能块；居住功能块布置在另一侧，包含3间卧室、起居室、厨房，毗邻建有一座私人花园。公众通过展示窗口可以了解到建筑的能耗使用情况，并被允许进入建筑的部分区域，使这幢建筑成为科学研究与社会参与对话的平台。设计建造过程遵循“三个零”（零能耗、零排放、零废弃物）的概念，在设计阶段就考虑使用后每个组件的回收利用问题，并选择可降解的或是用现有技术可以转化使用的材料。3年使用期后，一部分材料可以被制造商回收，一部分直接用在其他的项目中。结构上，除了预应力混凝土条形基础外，建筑与基地再无其他连接，保证拆除之后场地上不留痕迹。主体结构使用预制木材（双面添加绝热材料），大面积的玻璃立面也是预制，方便快速施工。在不透明外墙部分装配有可拆除的通风设施以及玻璃板。不同的机械系统被集中在一个核心中，也确保了完整的拆除。各种管线都通过吊顶和夹层敷设，而非埋设。为了保证零废弃物拆除的目标，在设计时所有的建筑组件被定义为20个组别，以便拆除时材料可以快速相互区分、归类。构造上，完全避免粘连或不可分离的连接，几乎所有的构件都采用夹钳、销钉或者螺栓的连接方式。

(a) F87住宅入口外景　　(b) F87住宅室内组图

图4-8　柏林产能型住宅F87使用状况组图

监测结果显示，建筑的能源总消耗为年均12.992kWh/a（其中电动汽车占6.000kWh/a，电器、照明、热水和采暖占6.992kWh/a），而总的发电量为年均16.625kWh/a（屋顶太阳能板占11.578kWh/a，墙面太阳能板占5.047kWh/a）。由此，该项目还获得了德国绿色建筑协会DGNB的金奖认证。

（2）斯图加特产能型住宅

根据F87项目设计原型，建筑师沃纳·索贝克（Werner Sobek）进一步在斯图加特（Stuttgart）著名的魏森霍夫住宅（Weissenhofsiedlung）内新建了一栋产能型建筑B10（图4-9），作为示范项目进行展示。这个住宅采用预制装配式，可在一天之内建成，且可完全回收。通过它的屋顶光伏发电系统等作用，所产生的能量是它所消耗的能量的两倍。虽然建筑师选择了“主动住宅”这个名字，与被动住宅的效率和节能理念形成了对比，但是B10实现的不可思议的能源生产离不开一个更高级的外围护结构。不透明的外墙面和正立面真空隔热的无框玻璃，构成了一个超级密封体；露台甚至可以折叠起来，在住户离开后完全遮挡阳光。索贝克说：“当我们在2000年开始建造这些研究住宅的时候，我们做的是被动式住宅，但我们一直想突破小窗户和大量隔热材料的限制，做一些有活力的东西。”

住宅内部采用可以自我学习的加热和电力系统，利用了一系列的内外无线电传感器以及家用电动汽车上的传感器，不断地进行比较和学习，不仅要根据温差和行为模式进行调整，还要对它们进行预测。如果第二天天气暖和，住宅就会预判何时停止供暖，并把溢流转移到勒柯布西耶大楼。斯图加特大学（University of Stuttgart）的研究人员会对居住的数据进行处理和研究以提高系统的性能。

德国政府资助开发单位建设了多个试点项目，并有多个研究团队长期对这些试点项目进行跟踪并采集数据，项目运行数据也实时在网上进行共享。独栋、联排、多层住宅均为数据监测的对象。目前德国正着力开展既有建筑改造以及学校建筑的产能型建筑标准的研究，以便更广泛地推广实施产能建筑，使更多的建筑成为自给自足的小型能源站，以达到减少一级能源消耗、保护自然环境的目的。

产能型建筑是未来建筑节能减排的重要途径，必将在我国新型城镇化的进程中扮演重要角色。尽管与传统建筑设计相比，产能型住宅更多地依靠技术手段来达到能源自给与输出的目的，但是建筑设计尤其是概念构思阶段的设计对最终建筑节能性能的影响一样也是非常重要的。产能型住宅对设计过程也提出了要求。产能型住宅在设计构思阶段就要考虑建筑全生命周期的能源、经济等影响因素，比传统的设计复杂很多，必须与不同专业人员，甚至与业主和使用者紧密配合。

(a) 住宅施工现场 (b) 住宅入口正面 (c) 住宅入口外景

图4-9斯图加特产能型住宅

第二节　绿色建筑与未来生活

一、生态社区与绿色城市

生态社区是社区可持续发展的理想人居模式，是城市生态文明建设的重要基础空间。生态社区建设不仅成为全球城市可持续发展的关键领域之一，也是我国生态城市建设战略目标的重要组成部分。所谓生态社区，一般来说就是以生态学基本原理为指导，以人与自然的和谐为核心，以现代生态技术为手段，设计、组织城市社区内外的空间环境，最高效、最少量地使用资源和能源，营造一种自然、和谐、健康、舒适的人类聚居环境。它具有低的环境冲击性、高的自然亲和性、居住环境的舒适与健康性、经济的高效性以及社会和谐性等特征。我国未来的生态社区还需借鉴国外的经验，加强城市层面的顶层设计、结合自然的生态社区规划、加强社区管理与分工协作。

社区是构成城市的基本细胞，生态社区的发展依赖于城市的发展。城市的功能结构、生态环境建设、交通网络等都会对社区的发展产生巨大影响。绿色城市是未来城市发展的新趋势，是以污染排放全面控制、资源高效利用及人与自然和谐共处为特征的新型城市；是现阶段全球应对气候变化、环境风险、能源危机以及金融危机后世界经济增长乏力等问题的重要途径。与生态城市、低碳城市相比，绿色城市是融合了人、自然、经济、社会的和谐、高效的综合发展模式，生态城市对人与自然和谐的追求以及低碳城市对气候变化、能源危机等问题的回应都可被视为这一概念中的组成部分或支撑体系。绿色城市以合理的规划与完善、高效的基础设施及绿色建筑为依托。2014年《国家新型城镇化规划（2014—2020年）》正式发布，要求全面推进绿色城市建设，并详细阐述了绿色城市和绿色建筑的建设重点。伦敦贝丁顿零碳社区（BedZED，图4-10），是把环保生态科学理念引入现实生活的第一个成规模的范例。该社区强调对阳光、废水、空气和木材的可循环利用，各种节能措施皆从环保角度考虑，简便易用。

(a) 贝丁顿生态村住宅玻璃阳光房、太阳能光伏板及屋顶风帽

(b) 住宅间步行系统

(c) 社区鸟瞰

图4-10　世界第一个生态社区——英国贝丁顿（BedZED）生态村

二、更绿色、更智慧、更健康

当今世界已经进入信息化、智能化和网络化时代，社会的发展与技术进步对建筑产生了巨大的影响。人们对建筑的需求已不满足于传统的抵御自然和舒适安全，而是在积极探索着针对外界气候条件的变化，利用建筑技术来智能地满足内部使用人员的多重需求。建筑不仅要舒适，还要更健康；建筑的室内空间不仅要满足保护隐私和安静，还要能信息交互畅通，方便社交和生活便利，提升个人的创造力与工作效率。居住建筑和公共建筑实现服务个性化，而不再是千篇一律的标准式服务。在建造和运营过程中，则要兼顾最大限度地保护环境、节约资源和降低污染。

1. 绿色健康建筑

建筑是人们生活、工作的主要场所，人类超过80%的时间是在室内度过的，建筑的健康性能直接影响着人的健康。绿色建筑旨在为人们提供健康、适用和高效的使用空间。室内环境质量是评价绿色建筑的重要指标之一。随着绿色建筑的发展及生活水平的逐步提高，人们追求健康生活的需求也越来越强烈。可以说，健康建筑是绿色建筑规模化发展之后更深层次的发展。健康建筑较之绿色建筑更加关注人的身心健康。健康建筑除了涉及绿色建筑比较关注的建筑工程领域的专业学科之外，还涉及公共卫生学、心理学、营养学、人文社会科学、体育学等多个学科领域。健康建筑通过技术手段提升建筑的健康性能，促进建筑中人的健康，如创造要求更为严格的室内空气品质，通过技术措施及监控手段确保生活用水安全，根据人的生理规律营造不同的光环境、声环境、热湿环境，建筑场地具有促进健身和交流的空间，物业服务确保建筑健康性能的持续和更新，等等。

我国于2016年10月发布《“健康中国2030”规划纲要》，提出到2030年具体实现“人民健康水平持续提升、主要健康危险因素得到有效控制、健康服务能力大幅提升、健康产业规模显著扩大、促进健康的制度体系更加完善”的目标。从绿色建筑基础之上发展而来的健康建筑可以为人们提供有利于健康的生产生活环境，促进健康生活方式的形成，为健康产业发展提供基础保障。

健康建筑的本质是促进人的身心健康，世界卫生组织给出了关于人体健康较为完整的科学概念：健康不仅指一个人身体有没有出现疾病或虚弱现象，而且指一个人生理上、心理上和社会上的完好状态。所以，健康建筑的健康性能应涵盖生理、心理、社会3个方面要素。对比一下绿色建筑类的评价体系，会发现：绿色建筑类的评价体系一般包括热舒适、室内空气品质、声学舒适性、视觉舒适性、用户控制、户外空间质量等，个别还涉及水质、使用空间、虫害防治等，但均是建筑或场地本身性能的指标，对于人的健康行为和精神等方面并不涉及。中国建筑学会制定的《健康建筑评价标准》（T/ASC02—2016）定位于绿色建筑发展的更深层次需求，以使用者的“健康”属性为核心，以使用者的实际满意度为重点，适用于多种建筑类型，提升绿色建筑的品质，引领绿色建筑达到更高的目标。标准力求满足人们当前日益增长的健康需求，从与建筑使用者切身相关的空气、水、食品、适老、运动、心理、管理等方面入手，将建筑使用者的直观感受和健康效应作为关键性评价指标，着眼于令使用者真正成为绿色健康建筑的受益群体（图4-11）。与绿色建筑相比，健康建筑对建筑的健康性能要求更高且涉及的指标更广，健康建筑的一些关键性问题，特别是体现在运行效果上的问题，例如室内各类空气污染物的有效控制、水质标准满足和高于现行标准要求的技术措施、建筑综合设计实现最优舒适度、老龄化背景下的建筑适老设计等等，需要进一步研究和探索。

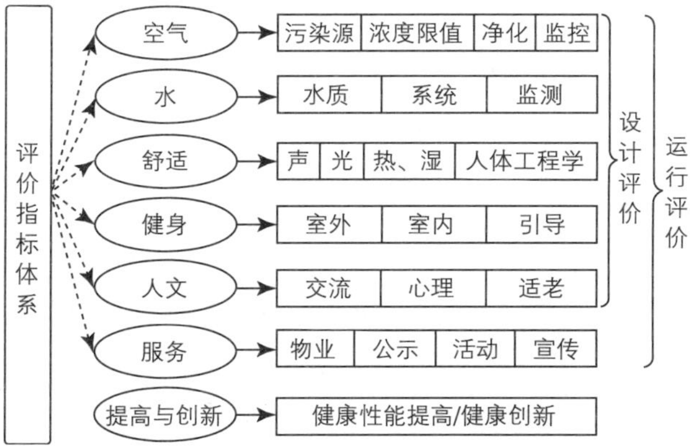

图4-11　《健康建筑评价标准》框架示意图

2.绿色智慧建筑

智能建筑通过将建筑物的结构、系统、服务和管理根据用户的需求进行最优化组合，从而为用户提供一个高效、舒适、便利的人性化建筑环境。智能建筑能让资源充分利用，并减少建筑在运行过程中的浪费。随着网络技术、建筑信息模型（BIM）技术、信息传输与存储等技术的成熟，智能建筑在现代建筑中得到了越来越广泛的应用。而如今，大数据、物联网、云计算等新一代互联网技术以及人工智能技术在建筑行业不断探索实践，“智慧建筑”的概念应运而生。智慧建筑是以建筑、人与环境为对象，集计算机技术、互联网技术等，提供安全高效、环境舒适、能耗更低的建筑。智慧建筑能实现对建筑及环境的深度感知，能实时对建筑结构进行健康监测，对运行过程中的异常情况进行预警，确保建筑使用安全；智慧建筑能采集和存储运行维护中的大量数据，通过现代科学技术对数据进行分析与挖掘，实现智能分析与控制，提供功能齐全、环境舒适、服务更加智慧化的建筑环境；智慧建筑是节能和环保的，智慧设计、智慧建造和智慧运维贯穿建筑的全生命周期，实现节约能源、降低能耗、减少污染。

与智能建筑不同，智慧建筑是在新一代互联网技术的广泛应用基础上建立起来的一种创新环境下的建筑形态，它具有智能管控的多功能综合系统，涵盖结构健康监测、环境管理、能耗分析和服务支持等各个方面，可以实现对建筑及环境中所有事物的广泛连接、深度感知、智能分析和有效控制。智能建筑是以计算机与自动化技术为依托，智慧建筑是以物联网、云计算及大数据等互联网技术为依托的新型建筑生态模式。

国内研究人员绘制了建筑行业智慧建筑技术路线图（图4-12），表达了智慧建筑发展过程中关键技术、行业目标与政策需求之间的关系。BIM技术、物联网技术、云计算技术、大数据技术和人工智能技术是建筑实现智慧化的关键技术，为智慧建筑的发展与研究提供了重要的技术支撑，是智慧建筑追求行业目标的必要手段，各种技术之间相辅相成，既需要发挥各自的技术优势，又需要相互之间的技术合作。BIM技术可以对智慧建筑生命周期的各个阶段进行建筑性能分析、模拟预测，结合大数据的数据挖掘技术探索智慧建筑的前瞻性研究；物联网技术是智慧建筑实现全面感知的重要技术基础，实时采集的大量数据为建筑实现智慧化提供了必要的信息资源；云计算的计算能力、存储能力、交互能力为智慧建筑的数据分析与计算提供了可靠的技术保障，它的高可靠性保证了建筑系统的服务质量；云计算技术与大数据的技术合作可以对采集的各建筑专业数据做出有效的分析和智能的挖掘，为建筑做出智慧化的决策提供可靠的依据；人工智能技术为建筑能够拥有自己真正的“智慧”提供了有力的技术帮助。在智慧建筑的行业目标中，智慧化是它的近期目标，让建筑具有自我分析、判断与决策的能力，而智慧化的实现可以加快绿色化和生态化的实现，让建筑可以高效节约能源、保护生态，更好地实现智慧建筑绿色化与生态化的目标，进而实现智慧建筑的可持续化发展目标，促进建筑行业的健康发展。

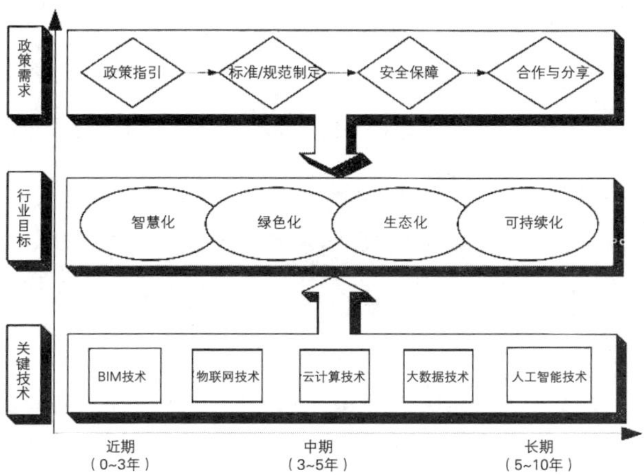

图4-12　建筑行业智慧建筑技术路线示意

3.绿色生活方式

目前，我国正在加快构建生态文明体系，努力实现到21世纪中叶建成“美丽中国”的目标。为此需要全面推动绿色发展、循环发展、低碳发展。低碳家庭是实现低碳发展的基本单元和社会细胞，每个家庭和公民均应承担应有的社会责任、做出积极的贡献，在日常生活中崇尚节俭，厉行节约，尽可能降低能耗。

建筑使用者的行为方式可以对建筑能耗产生影响。对于同样硬件技术条件的建筑，使用者使用模式的不同，可能会导致最终巨大的能耗水平差异。因此，在全国范围内普及可持续发展理念和绿色低碳的生活方式亦尤为重要。

政府和相关部门应加强对绿色生活理念的宣传，倡导绿色低碳的生活方式。如充分利用试点社区的示范作用，普及低碳知识；推行节能器具、鼓励旧物交换及回收利用；举行垃圾分类积分、绿色出行倡导、低碳家庭评选等各类活动，充分调动居民参与节能热情，营造低碳氛围，引导居民节能绿色生活，资源节约循环利用。只有将绿色的生活理念、低碳的消费理念深植入公众心中，才能逐渐养成人们健康、低碳的生活态度，绿色环保的生活方式。

政府还应进一步增加科技投入、提高自主创新能力，鼓励低碳技术创新，以技术提升实现节能减排；重视低碳新能源技术产品的推广应用，鼓励更多家庭参与低碳新能源利用；加快低碳能源开发利用，推进传统产业技术升级与污染减排；出台相关政策和制度措施，鼓励家庭实现低碳消费，对开发低碳产品、使用低碳产品进行必要的税收减免和财政补贴，鼓励低碳消费行为和消费方式。

今天我们已经欣喜地看到，发展绿色建筑已经逐渐成为全社会的共识。相信随着全民社会责任及大众环保意识的加强、绿色意识的深化，随着绿色行为习惯的日常化，我们会迎来一个更健康、更智慧、更绿色的未来。

参考文献

[1] 中共中央 国务院关于进一步加强城市规划建设管理工作的若干意见[EB/OL].（2017-10-30）. http：//www.xinhuanet.com/politics/2016-02/21/c_1118109546.htm.

[2] 朱颖心. 什么是绿色建筑[J]. 北京：人民周刊，2016（22）：57.

[3] 林宪德. 绿色建筑[M]. 北京：中国建筑工业出版社，2007：2-5.

[4] 绿色建筑教材编写组. 绿色建筑[M]. 北京：中国计划出版社，2008.

[5] 王兆瑞. "绿色建筑"内涵及其工程实例剖析[J]. 建筑科学，1998（6）：31-32，36.

[6] 特约评论员. 科学借鉴与因地制宜发展[J]. 生态城市与绿色建筑，2010（01）.

[7] 李晓晨. 绿色建筑的特征及发展概况[J]. 城市问题，2014（4）：45-47.

[8] 李珺杰，绿色建筑的科学实践——英国BASF HOUSE建造探索[J]. 生态城市与绿色建筑，2011（04）.

[9] 袁镔，宋晔皓，林波荣，张弘. 澳大利亚绿色建筑政策法规及评价体系[J]. 建设科技，2011（06）.

[10] 宋晔皓，谭柳. 当下的绿色建筑与可持续设计的未来[J]. 城市环

境设计，2016（05）：424.

[11] 赵喆. 基于全寿命周期的绿色建筑经济评价体系[D]. 北京：北京交通大学，2010.

[12] Hadas G，Isaac A M，Moshe S，ed.Cost-benefit analysis of green buildings：an israeli office buildings case study[J]. Energy and Buildings，2014，76（6）：558-564.

[13] 谢福泉，黄丽华. 国外绿色建筑发展经验及启示[J]. 绿色科技，2013（01）：261-263.

[14] 中国城市研究会. 中国绿色建筑2015[M]. 北京：中国建筑工业出版社，2015：34-37.

[15] 江亿，燕达. 什么是真正的建筑节能?[J]. 建设科技，2011（11）：15-23.

[16] 秦佑国，中国国情下的绿色建筑[J]. 建设科技，2006（12）：4-5.

[17] 宋晔皓. 中国本土绿色建筑设计发展之辨[J]. 新建筑，2013（04）：5-7+4.

[18] 刘凯英，田慧峰. 基于《绿色建筑评价标准》的绿色建筑设计流程优化[J]. 施工技术，2014（04）：60-62+74.

[19] KMD建筑事务所，最具有可持续性的城市办公建筑设计探索——旧金山公共事业委员会新行政总部[J]. 生态城市与绿色建筑，2013（S1）：75-81.

[20] 刘抚英，绿色建筑设计策略[M]. 北京：中国建筑工业出版社，2013：41.

[21] 王凯，吉宇飞. 论我国绿色建筑的内涵与外延[J]. 西安建筑科技大学学报（社会科学版），2016（1）.

[22] 中国建筑标准设计研究院. 绿色建筑评价标准应用技术图示（15J904）[S]. 北京：中信出版社，2016.

[23] 王瑞. 建筑节能设计[M]. 武汉：华中科技大学出版社，2010.

[24] 朱颖心，谷立静. 建筑光伏一体化的全生命周期环境影响分析[J]. 生态城市与绿色建筑，2010（01）：42-45.

[25] 卜增文，孙大明，林波荣，林武生，杨建荣. 实践与创新：中国绿色建筑发展综述[J]. 暖通空调，2012（10）.

[26] 李卓谦. 国内外绿色建筑的发展状况[J]. 现代装饰（理论），2014（06）：157.

[27] 原田哲夫，米津正臣，张江华. 阿倍野Harukas大厦——迈向可持续的摩天城市时代[J]. 生态城市与绿色建筑，2014（01）：41-46.

[28] 林俊强，胡毓钧. SOLARIS——攀升可持续建筑设计中的更高境界[J]. 生态城市与绿色建筑，2012（01）：102-108.

[29] 郝琳，建筑先锋 绿见未来[M]. 北京：林业出版社，2014.

[30] 臧海燕，郭成林，赵金彦. 荷兰首批“主动式住宅”——蒙特福德小镇的排房改造[J]. 生态城市与绿色建筑，2013（03）：82-89.

[31] 宋晔皓，丁嘉亮，朱宁. 中国本土绿色建筑被动式设计策略思考[J]. 建筑学报，2013.（07）：94-99.

[32] 袁镔，本刊编辑部. 近零能耗建筑的现状与未来——中国建筑科学研究院建筑环境与节能研究院徐伟院长访谈[J]. 生态城市与绿色建筑，2016（03）：14-17.

[33] 本刊讯. 装配式+近零能耗建筑研究列入“十三五”国家重点研

发计划[J]. 墙材革新与建筑节能，2017（10）：48.

[34] 徐伟. 中国近零能耗建筑研究和实践[J]. 科技导报，2017，35（10）：38–43.

[35] 张时聪，徐伟，姜益强，冯威，孙德宇，刘志坚. “零能耗建筑”定义发展历程及内涵研究[J].建筑科学，2013，29（10）：114–120.

[36] 宋晔皓. 可持续设计思考[J]. 城市住宅，2018，25（05）：9–13.

[37] 林正豪，宋晔皓，韩冬辰. 建构·空间·性能——20世纪以来轻质装配式建筑发展的三个维度[J]. 城市建筑，2017（13）：12–16.

[38] 袁镔，本刊编辑部. 我国装配式建筑的现状及发展——中国建筑股份有限公司副总工程师、中建科技集团有限公司董事长叶浩文访谈[J]. 生态城市与绿色建筑，2017（01）：16–19.

[39] 宋晔皓. 装配式建筑[J]. 城市建筑，2017（13）：3.

[40] 徐伟，孙德宇，路菲，余镇雨，王佳. 近零能耗建筑定义及指标体系研究进展[J]. 建筑科学，2018，34（04）：1–9.

[41] 宋竹. 德国“产能型建筑”发展与技术研究[J]. 四川水泥，2016（08）：108+73.

[42] 夏冰，陈易. 德国产能型住宅设计案例解析与思考[J]. 住宅科技，2014，34（12）：33–38.

[43] 帕特里克·西森（Patrick Sisson）著，《居住》（Dwell）.

[44] 赵清. 生态社区理论研究综述[J]. 生态经济，2013（07）：29–32.

[45] 翁奕城. 国外生态社区的发展趋势及对我国的启示[J]. 建筑学报，2006（04）：32–35.

[46] 张梦，李志红，黄宝荣，李颖明，陈劭锋. 绿色城市发展理念的产生、演变及其内涵特征辨析[J]. 生态经济，2016，32（05）：205-210.

[47] 国家新型城镇化规划（2014-2020 年）[EB/OL].（2014-03-16）[2015-12-20]. http：//www.gov.cn/zhengce/201403/16/content_2640075.htm.

[48] 程大章，许维胜，余有灵，唐党民. 绿色健康建筑智慧运营的探索[J]. 建设科技，2018（08）：28-30.

[49] 本刊编辑部. 从绿色建筑到健康建筑——中国建筑科学研究院副院长王清勤专访[J]. 生态城市与绿色建筑，2017（02）：14-16.

[50] 中共中央 国务院印发《健康中国2030国规划纲要》[EB/OL].（2016-10-25）[2018-03-10]. http：//www.gov.cn/xinwen/2016-10/25/content_5124174.htm.

[51] 王清勤，孟冲，李国柱. 健康建筑的发展需求与展望[J]. 暖通空调，2017，47（07）：32-35.

[52] 王清勤. 我国绿色建筑发展和绿色建筑标准回顾与展望[J]. 建筑技术，2018，49（04）：340-345.

[53] 孙连营，王理. 建筑行业智慧建筑技术路线图研究[J]. 建筑科学，2016，32（05）：121-125.

[54] 陆小成，树革. 加强低碳生活建设[J]. 中国国情国力，2018（08）：42-43.